연금저축은 어떻게
노후의 무기가 되는가

연금저축은 어떻게 노후의 무기가 되는가

엄진성·나철균·조용준 지음

원앤원북스

어려운 연금저축을 상세하게 해부한 진정한 바이블!

직장인, 자영업자라면 누구나 하나쯤 가입하고 있는 상품이 연금저축이다. 상품의 특성상 세제 혜택도 강력하고 연금저축 운용을 통해 강력한 노후 준비 도구로 활용이 가능하지만, 대다수 가입자는 연금저축을 그냥 세액공제용 상품으로만 생각하는 경우가 많다. 이 책은 어렵게만 느껴졌던 연금저축에 대해 A부터 Z까지 상세하게 해부한 진정한 바이블이다. 특히 연금에 대한 다양한 궁금증을 가진 가입자와 연금저축을 기반으로 영업을 활성화하고자 하는 투자 권유 대행인에게는 영업에 필요한 상세한 정보를 담은 머스트해브must have 책이 아닐까 싶다. 연금저축을 진정으로 이해하고 잘 사용하고자 하는 가입자, 연금저축 영업을 활성화하고자 하는 투자 권유 대행인들에게 추천할 만한 책이다.

— 미래에셋자산운용 전진혁 본부장

대한민국의 노후를 책임질 소중한 책이 나왔다!

국민연금에 대한 국민 대부분의 불안감이 그 어느 때보다 높은 요즘이다. 사회생활을 시작하는 젊은 세대부터 은퇴를 준비하는 세대까지 고민이 깊어질 수밖에 없다. 그뿐만 아니라 개인연금 준비에도 관심이 급격히 높아지고 있다. 저자는 연금저축에 대해 가장 실용적이고 적용 가능한 투자 기술을 군더더기 없이 쉽게 풀어냈다. 연금저축에 대한 이해를 돕고 진정으로 노후 자금을 만들어가기 위한 발판이 되는 책이다. 노후 준비에 실질적인 도움이 필요한 사람들에게 일독을 권한다.

— 골든트리 투자자문 박민석 부사장

짐작만 하지 말고 당장 연금저축으로 노후 준비를 시작하자!

노후 대책이 필요하다고 느끼면서도 가입한 연금액수조차 제대로 모르는 직장인들이 대부분이다. 본인이 받을 수 있는 연금액수를 막연히 짐작만 하고 있는가? 연금 플랜을 세워봤지만 생각보다 적은 연금액수에 아쉬움을 느끼고 있는가? 이런 생각을 가진 예비 은퇴자들과 사회초년생들은 반드시 참고해야 하는 책이다. 또한 연말정산에 대비해 연금저축에 들어 꼬박꼬박 돈을 내고 있지만, 정작 자신의 연금저축이 어떤 혜택이 있는지 모르는 사람들에게도 이 책이 길잡이가 되어줄 것이다. 노후 준비가 필요하지만 연금저축 상품에 대한 지식이 부족하고 경험이 부족한 이들에게 추천하고 싶다.

— 이수연 PD

저자의 연금저축 상담 노하우가 가득 담긴 연금 안내서!

투자, 연금, 절세 혜택 등은 우리가 노후를 준비하기 위해서 반드시 알고 있어야 하는 사항들이다. 이 책에는 이러한 내용이 모두 포함되어 있다. 연금저축에 관한 다양한 질문들을 속 시원하게 해결해준다. 10년 이상 수많은 고객 상담과 강의 등 실무 경험이 쌓인 저자들의 능력이 '연금저축'이라는 키워드에 묶여서 책에 전부 녹아들었다. 연금저축 가입을 망설이고 있거나 연금저축이 무엇인지 몰라서 시작도 못했다면 이 책을 연금저축 교과서라고 생각하고 지금부터라도 시작하길 바란다.

— 홍윤식 세무사

노후 준비는 미래의
자신에게 보내는 선물

10년이 넘게 재무 상담을 하다 보니 정말 다양한 고객들의 삶을 들여다보게 됩니다. 은퇴 후 꿈에 그리던 요트를 구입해 여가를 즐기는 은퇴자도 있고, 돈도 직장도 없이 부채만 계속 늘어가는 은퇴자도 있습니다. 하루 24시간이라는 똑같이 주어진 시간 동안 어떻게 돈 관리를 하며 살아가느냐에 따라 노후의 모습이 180도 달라진다는 사실을 누구나 알고 있습니다. 그런데 왜 이렇게 실천하기가 힘들까요? 부자와 가난한 사람의 차이는 과연 무엇일까요?

얼마 전 대한민국을 강타한 주요 키워드가 있습니다. 바로 '웰빙 Wellbeing(행복; 스트레스를 벗어나 건강한 육체와 정신을 추구하는 라이프스타일)', '욜로 YOLO, You Only Live Once(인생은 한 번뿐이다; 현재를 즐기는 삶의 방식)', '워라밸 Work and Life Balance(일과 삶의 균형)', '소확행 小確幸(작지만 확실한 행복)'이란 단어들입니다. 과거 대한민국의 눈부신 경제성장 덕분에 이제는 그냥 먹고사는 게 아니라 '잘 먹고' '잘 사는' 데 관심이 높아졌습니다.

바쁜 일상에 쫓겨가며 언젠가의 미래를 위해 현재를 희생하는 삶이 아닌, 당장 실천할 수 있는 소소한 행복을 찾자는 뜻에서 현재의 행복을 강조합니다. 그러나 이렇게 행복을 찾아가는 선택을 하면서도 가슴 한 편에는 노후에 대한 두려움과 걱정, 그리고 장수시대에 어떻게 살아갈 것인가에 대해 고민하게 마련입니다. 취업은 늦어지고 퇴직은 빨라지며 사업을 시작하더라도 쉽지 않은 것이 대한민국의 현실입니다.

최근에는 공무원, 교사, 군인, 경찰 등 안정적인 직업을 선망하는 사람들이 많습니다. 갈수록 공무원 시험의 경쟁률은 높아지고 있습니다. 이유가 뭘까요? 바로 '연금' 때문입니다. 그러나 은퇴 후 안정적으로 연금을 수령하기 위해 공무원이 얼마나 많은 돈을 매월 연금에 납입하고 있는지 제대로 알고 있는 사람은 많지 않습니다.

일반적으로 국민연금은 본인 납입금 4.5%와 회사 납입금 4.5%를 합해 총 9%의 금액을 납입합니다. 하지만 공무원연금은 본인 납입금 9%와 정부 납입금 9%를 합해 총 18%를 납입합니다. 납입하는 액수의 차이가 일반 직장인들과 무려 2배 이상입니다. 다시 말해 공무원은 20~30년 동안 급여의 18%에 해당하는 금액을 장기간 모아두었다가 은퇴 후 수령하는 구조입니다. 일반 직장인이 공무원처럼 연금을 수령하려면 지금 급여에서 저축을 조금 더 많이, 그리고 더 길게 하는 방법밖에 없습니다.

이렇게 노후 자금을 준비하기 위한 대표적인 상품이 바로 연금저축입니다. 연금저축은 정부가 공적연금(국민연금)만으로는 부족한 국민들의 노후 문제를 해결하기 위해 기획하고, 끊임없이 개선해온 금융 상품입니다. 현존하는 금융 상품 중 가장 많은 세제 혜택이 있습니다.

지금부터 시작하는 노후 자금 만들기는 결국 미래의 자신에게 보내는 선물입니다. 연금저축은 은퇴 후 든든한 미래를 위해 오랜 기간 동안 꾸준히 저축과 투자를 하기에 가장 적합한 금융 상품입니다. 또한 당장 세금을 납부하지 않도록 해서 소득세를 줄여주고 과세이연 등의 세제 혜택을 제공합니다. 직장인들의 '13월의 월급'이라 할 수 있는 연말정산 환급금에서도 상당한 역할을 합니다.

책은 연금저축에 가입되어 있으나 어떤 특징과 장점을 갖고 있는 상품인지 제대로 모르고 있는 사람, 연금저축의 가입을 고민하고 있는 사람, 연금저축의 절세 혜택을 구체적으로 이해하고 싶은 사람, 그리고 연금저축으로 안정적인 노후를 보내고자 하는 사람이 참고할 수 있도록 만들었습니다. 1년 전 서점에 들렀을 때 시중에 나온 수많은 책들 중에 연금저축을 주제로 한 책이 없다는 것을 알고 상당히 놀랐습니다. 금융기관이나 공공기관, 인터넷상에서 상품 설명서 같은 자료는 볼 수 있지만, 연금저축을 주제로 심도 깊게 일반인들을 위해 써진 책이 없었습니다. 이 책을 집필하기 시작한 이유입니다.

그동안 책을 쓰는 과정에서 많은 질의를 받았고 검증이 필요했습니다. 그동안 제도가 수차례 개선되었지만 일반인들이 잘 모르는 부분이 많았기 때문에 과거 자료까지 살펴봐야 했습니다. 이러한 과정에서 도움을 주신 국세청, 금융감독원 실무진과 세무사, 골든트리 투자자문, 미래에셋자산운용의 전진혁 본부장에게 다시 한 번 감사의 말씀을 드립니다. 책을 통해 연금저축을 제대로 이해하고 앞으로 노후 자금을 효과적으로 관리해 행복한 노후를 보내시길 바랍니다.

차례

1장
잠자고 있는 당신의 연금저축을 깨워라

2장
연금저축을 아는 것이 노후 준비의 시작이다

3장
연금저축으로 절세하고 노후 자금을 키워라

4장
노후의 무기가 되는 연금저축 Q&A

5장

연금저축 투자 노하우 따라 하기

1장

잠자고 있는
당신의 연금저축을 깨워라

저는 사회초년생입니다. 첫 직장에 들어간 지 얼마 되지 않았을 때 보험설계사가 찾아왔습니다. 잘 모르는 사람이었지만 그분을 통해서 '연금저축보험'이라는 상품에 가입했습니다. 처음 가입할 때 매년 국가에 낸 세금을 돌려받을 수 있다는 장점과 사회초년생이 필수로 가입해야 하는 상품이라는 설명에 귀가 솔깃했습니다.

이제 가입한 지 2년이 다 되어 가고 매월 20만 원씩 납부하고 있습니다. 상품의 수익률이 궁금해서 확인해보니 수익률은 1% 수준이었어요. 생각보다 돈이 안 모인 것 같아 보험사에 물어보니 상품에서 매년 수수료도 떼어가고 있다고 합니다. 차라리 안전한 정기적금을 가입하는 것이 더 좋을 것 같다는 생각이 듭니다.

현재 가입되어 있는 연금저축 상품을 앞으로 계속 유지해야 할지 답답합니다. 몇 년 뒤 결혼하게 되면 여기에서 돈을 찾아서 쓸 수 있는지도 궁금합니다. 막무가내로 시작한 저의 자산 관리를 도와주세요!

28세 직장인 최소희 님의 사례

직장인 최소희 님은 2년 전 연금저축 상품에 대해서 충분히 이해하지 못한 채 가입을 했습니다. 뒤늦게 연금저축 상품은 보험만 있는 것이 아니라 종류도 다양하고 세제 혜택도 알아야 할 부분이 많다는 사실을 알게 되었습니다. 연금저축의 특징과 기능 등에 대해서 자세히 알아보려고 블로그와 기사에 나온 설명을 읽어봐도 잘 이해가 되지 않았습니다. 연금저축은 나중에 연금을 수령할 때나 중도해지 시에는 세금을 내야 한다고 들었는데 세금이 어떤 방법으로 계산되는지 명쾌하게 알고 싶었습니다. 또한 연금저축 상품으로 실제 세금을 얼마나 줄일 수 있고 본인이 받는 혜택이 무엇인지 궁금했습니다. 직장생활을 시작한 뒤 처음 받아보는 자산 관리 상담에서 최소희 님은 이렇게 평소 연금저축 상품에 대해 궁금했던 질문들을 쏟아내기 시작했습니다.

재무 상담을 하다 보면 최소희 님처럼 비교적 연금저축을 가입한 지 얼마 안 된 사회초년생뿐만 아니라, 연금저축을 가입한 지 10년이 넘고 연금수령 시기가 얼마 남지 않은 중장년층까지도 상품에 대한 이해도가 떨어지는 경우가 상당히 많습니다. 연금저축은 장기간 운용되는 상품임에도 불구하고 아무런 관리 없이 매월 자동이체만 걸어놓고 있는 경우도 많습니다. 많은 사람들이 안정적인 노후 준비를 위해서 또는 연말정산에서 절세 혜택을 받기 위해서 연금저축 상품에 가입하고 매달 일정 금액을 꼬박꼬박 납입하고 있습니다. 그러나 연금저축의 세제 혜택이나 활용 포인트에 대해 제대로 알고 있는 사람은 찾아보기 어렵습니다.

연금저축 상품은 노후 준비라는 아주 중요한 미션을 위해 운용되는 상품입니다. 은행의 1년 만기 적금에 가입할 때처럼 단순하게 만기와 금리 정도만 알면 되는 것이 아닙니다. 한번 가입하면 최소 10년 이상 운용되는 장기 상품이기 때문입니다. 처음에는 작은 돈으로 시작하겠지만 연금저축은 나중에 커다란 목돈이 됩니다. 그렇기 때문에 상품의 다양한 특징이나 활용 포인트를 꼭 숙지하고 제대로 관리해야 합니다.

자, 이제 여러분의 소중한 노후 자산인 연금저축을 제대로 키우고 관리하는 방법을 함께 알아보도록 하겠습니다.

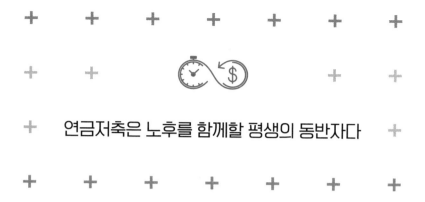

연금저축은 노후를 함께할 평생의 동반자다

얼마 전 일본에서는 평균 연령 67세의 노인들로 구성된 5인조 남자 아이돌 그룹 '지(爺)POP(할아버지 팝)'이 등장해 '고령만세'라는 노래를 발표했습니다. 국내에는 지팝 할아버지를 잘 모르는 사람이 많지만 일본 사회에서는 상당한 이슈가 되었습니다. 평균 연령 67세 노인 아이돌 그룹의 뮤직비디오를 보고 있으면 허탈한 웃음이 나오기도 합니다. 그러나 한편으로는 이미 노인 중심으로 사회가 구성되어 있는 일본 현재 모습을 거울 삼아 앞으로 대한민국의 높아지는 연령층으로 인한 여러 가지 문제점을 대비하고 준비해야 한다는 과제를 던져줍니다.

통계청에서 발표한 자료에 따르면 2018년 5월 기준 60세 이상 고령

● 주요 국가별 인구 고령화 속도

	고령화	고령	초고령	소요연수(고령화 〉 고령 〉 초고령)
한국	2000	2018	2026	26년
일본	1970	2994	2006	36년
프랑스	1684	1979	2018	154년
독일	1932	1972	2009	77년
이탈리아	1927	1988	2006	79년
미국	1942	2015	2036	94년

자료: 통계청(2018)

층 취업자가 동월 기준 역대최고치를 기록하며, 15~29세 청년층 취업
자 수와의 차이가 만 천 명까지 벌어졌습니다. 대한민국의 젊은 청년은
놀고 있고 노인은 일을 하고 있는 상황입니다.

　또한 우리는 전 세계에서 가장 빠르게 고령사회에 진입한 나라가 되
었습니다. 국제연합(UN)에서 정한 기준에 따르면 고령사회는 65세 이상
의 노년 인구가 총 인구에서 차지하는 비율이 14%가 넘는 경우를 말합
니다. 우리나라 노년 인구가 고령화사회(노년 인구 7% 이상)에 진입한 지
17년 만에 고령사회에 진입했습니다. 장수사회를 꿈꿔왔던 대한민국은
이제 세계에서 가장 빠르게 늙어가는 나라가 되었습니다.

　고령사회를 살아가는 과정에서 가장 중요하고 필요한 것을 꼽는 설
문에는 늘 '돈'이라는 항목이 가장 높은 점수를 차지합니다. 삼성생명

● 은퇴 준비 지수

구분	위험 (0~50점)	주의 (50~70점)	양호 (70~100점)
전체 응답자에서 차지하는 비중(%)	32.8	18.9	48.3
순자산(원)	1억 9천만	3억 5천만	5억 6천만
부채(원)	5천만	4,300만	4,500만
월 소득(원)	314만	381만	478만
월 가계 지출(원)	198만	225만	238만
정기적 노후 대비 저축하는 응답자 비중(%)	28.8	52.0	67.7
월평균 노후 저축액(원)	15만	27만	64만
연금 가입률(%)	공적연금 63.0	공적연금 81.6	공적연금 86.9
	퇴직연금 15.6	퇴직연금 32.0	퇴직연금 48.7
	개인연금 20.8	개인연금 47.2	개인연금 61.4
은퇴 후 예상 최소 생활비(원)	192만	208만	199만
은퇴 필요 자금 조달률(%)	18.7	37.0	100.0

자료: 삼성생명 은퇴연구소(2018)

은퇴연구소에서 실시한 '경제생활과 노후 준비 현황'에 대해 설문을 살펴봅시다. 대한민국 중산층의 노후 준비 지수(필요한 노후 자금 대비 준비 가능한 노후 자금의 비율)는 54점, 노후 연금 목적으로 모은 자금은 평균 2,900만 원으로, 결론적으로 노후 준비가 턱없이 부족하다고 발표했습니다.

설문에 따르면 65세 시점에 받을 수 있는 국민연금의 월평균 예상 수령액은 87만 원에 불과했습니다. 회사에서 근무하면서 꾸준히 쌓아가는 퇴직연금의 경우 개인적으로 추가 납입을 하고 있는 중산층은 3.7%에 불과해 회사가 매년 적립해주고 있는 금액 수준에서 그치고 있습니다. 심지어 이들 중 66.2%는 당장 돈이 필요한 상황이라서 퇴직 시 퇴직연금을 일시금으로 찾아 쓰겠다고 답했습니다.

우리는 지금까지 '노후 준비는 반드시 3층(국민연금·퇴직연금·개인연금)으로 준비해야 한다'는 이야기를 귀가 따갑도록 들어왔습니다. 그러나 앞에서 언급한 것처럼 국민연금의 예상 실수령액은 생각보다 적고, 퇴직연금 불입액은 턱없이 부족하며, 개인연금 가입비율은 46.6%로 3층 연금 가운데 가장 낮습니다. 더욱 놀라운 사실은 개인이 노후를 위해 준비할 수 있는 개인연금 상품의 평균 적립금이 1,893만 원에 불과하는 것입니다. 또한 노후를 위해 가입한 적립금 대부분이 은행이나 보험과 같은 안정형 상품(84.9%)에 들어가 있는 것도 노후 준비 상태를 다시 한 번 점검해봐야 하는 이유로 충분합니다.

은퇴 후 남은 시간을 돈 걱정 없이 여유롭게 보내기 위해서는 어떻게 해야 할까요? 설문에서는 은퇴 전 월평균 소득은 365만 원인 데 비해 은퇴 후 소득은 150만 원이 안 될 것으로 응답해, 은퇴 후 10명 중 6명은 빈곤층으로 전락할 가능성이 높아 보입니다. 또한 보유 자산 중 금융 자산의 비중은 25%로, 보유 자산의 대부분이 부동산으로 구성되어 있어 부동산 가격 하락 시에 자산을 방어할 방법이 없다는 것도 큰 문제입니다.

노후 준비는 결국 돈 문제로 귀결됩니다. 물론 개인연금의 대표 상품인 연금저축 상품에 가입해 불입한다고 해서 노후 준비가 한번에 해결되는 것은 아닙니다. 그러나 "시작이 반"이고 "티끌 모아 태산"이라는 말이 있듯이 노후 자금 준비가 지금은 작고 초라해 보이지만 꾸준히 모아서 키워간다면, 그렇게 준비하지 않은 사람들보다 분명히 조금 더 여유 있는 삶을 살 수 있을 것입니다.

연금저축으로 절세 혜택을 누려라

"세상에서 가장 명확한 2가지 사실이 있는데, 그 2가지는 바로 죽음과 세금이다"라는 격언이 있습니다. 경제활동을 하고 있다면 세금은 피할 수 없습니다. 심지어 은퇴 후 수령하는 국민연금에도 세금이 있습니다. 살아가면서 반드시 세금을 내야 한다면 세금을 조금이라도 줄일 수 있는 절세 방법이 무엇인지 고민해볼 필요가 있습니다.

연금저축의 세제 혜택은 연금저축을 가입할 때 가장 주목할 만한 특징입니다. 우선 연금저축은 연말정산 시 세액공제를 받을 수 있습니다. 불입금의 일정 비율만큼 세액공제를 받고 매년 소득세를 환급받을 수 있습니다. 소득세는 개인이 얻은 소득에 대해 부과하는 조세를 말합니다. 국세이며 직접세입니다. 1년간 획득한 소득에 대해 부과되며, 넓은 의미에서 개인소득세와 법인소득세를 모두 포함한 개념입니다.

또한 연금저축 상품에는 세금을 나중에 납부하도록 해주는 과세이연 효과가 있습니다. 매년 발생하는 금융 상품의 투자수익에 대해 세금을 당장 납부하지 않고 연금수령 시점까지 미뤄두었다가 납부할 수 있기 때문에, 납입기간 동안 원금을 복리로 재투자할 수 있습니다. 세금을 매년 정산해서 납부하면 재투자할 원금이 줄어들게 되는데, 과세이연을 통하면 세금을 내기 전 금액을 고스란히 재투자할 수 있어 투자원금이 늘어나는 효과가 있습니다. 즉 과세이연 효과는 장기간 저축을 할 때 매우 유리한 세제 혜택입니다.

이런 유익한 세제 혜택이 있음에도 불구하고 연금저축 상품의 가입 조건에는 제한이 없습니다. 가입 시 재산 상태에 대한 증빙이 필요 없고 직업이나 나이 등 제한 조건도 없습니다. 회사에서 월급을 받는 근로자나 개인 사업을 하는 자영업자 등 남녀노소 누구나 가입할 수 있습니다. 퇴직자와 공무원, 그리고 군인도 연금저축에 가입 가능합니다.

단, 주의사항도 있습니다. 연금저축 상품은 납입기간 동안 세제 혜택을 주는 대신 중도에 해지하게 될 경우에는 그동안 받았던 세액공제 혜택을 그대로 반납해야 하는 일종의 위약금 조항(기타소득세 부과)이 있습니다. 이러한 부분 때문에 가입자들은 중도해지를 하지 않기 위해서 관리해야 합니다.

그동안 납입한 연금저축의 금액을 은퇴 시점에 맞춰 인출할 때는 일시금이 아닌 연금으로 장기간에 걸쳐 나눠서 받는 방식을 원칙으로 합니다. 따라서 가입자가 연금저축 불입금을 일시금으로 찾지 않고 연금 형태로 수령해야만 세제 혜택을 충분히 누릴 수 있습니다. 가입자의 장기 연금저축을 유도하고 중도해지 시에는 기타소득세라는 불이익을 줘서 노후를 위한 강제 저축을 도와주는 것입니다.

결국 종합해보면 연금저축은 세액공제와 과세이연 효과 등의 절세 혜택이 있고, 누구나 가입 가능하며, 노후에 안정적인 연금수령을 하도록 하는 강제 저축의 효과가 있는 상품입니다. 이런 이유로 노후 준비를 위한 최적의 상품으로 연금저축 상품을 추천합니다.

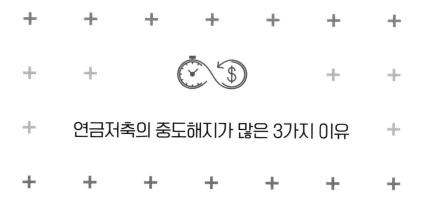

연금저축의 중도해지가 많은 3가지 이유

연금저축은 노후 준비를 하면서 매년 연말정산을 통해 납부했던 세금을 돌려받는 일석이조의 금융 상품입니다. 그러나 많은 장점에도 불구하고 높은 해지율을 보이고 있어 참으로 안타까울 뿐입니다. 연금저축에 가입하는 사람도 많지만 중간에 해지하는 사람도 많습니다. 2016년 연금저축 해지계약 건수는 약 34만 건으로, 이는 같은 해 신계약 건수의 79.3%에 해당하는 수치입니다. 실제 연금저축의 1년 유지율은 90%에 달하지만 5년이 지나면 유지율은 60%로 뚝 떨어지고 10년 이상 되면 그마저도 절반으로 떨어집니다. 연금저축의 해지율이 높다는 사실은 노후 준비가 부실한 대한민국의 심각한 노후 문제를 보여주고 있는

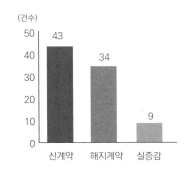

● 연금저축 적립금 및 전년 대비 증가율

(조 원)
140
120
100
80
60
40

연금저축 적립액
전년 대비 증가율

13.90
12.25
108.7
118
89.8
100.8
7.84
8.56

2013년 말 2014년 말 2015년 말 2016년 말

(%)
16
12
8
4
0

● 연금저축 계약 수

(건수)
50
40
30
20
10
0

43
34
9

신계약 해지계약 실증감

자료: 금융감독원(2016), NH투자증권 100세시대연구소

대목이라 할 수 있습니다.

연금저축에 가입 후 중도해지 하는 원인은 크게 3가지로 요약할 수 있습니다. 첫 번째는 연금저축 가입 전 상품에 대해 제대로 알아보지 않고 가입했기 때문입니다. 연금저축은 최소 5년 이상 납입하고 최소 만 55세가 되어야 연금을 받을 수 있는 장기저축 상품입니다. 가입 전 저축 여력이나 향후 재무 목표에 대한 준비 등에 대해 충분히 고민하고 가입하는 게 아니라 금융회사 직원이 권하는 연금저축의 장점만 듣고 가입하는 사람들이 대부분입니다. 자신의 체형에 맞는 옷을 입어야 편하듯이 자신의 재무 상황과 목표에 맞는 설계가 가장 우선되어야 합니다. 연금저축 상품의 가입은 노후를 준비하기 위한 필수 사항이지만 납입금액 설정과 운용 방법 등은 개인의 상황에 맞춰서 선택해야 합니다.

두 번째는 유동성 부족 문제 때문입니다. 즉 급하게 돈을 써야 할 일이 생겼을 때 모아둔 자금이 부족해서 연금저축 상품을 해지해 돈을 찾아 쓰는 경우입니다. 이는 급하게 돈이 필요한 상황에서 언제든지 꺼내 쓸 수 있는 비상금이 준비되어 있지 않아 생기는 문제입니다. 비상금이 없다는 것은 개인의 자산 관리에 문제가 있다는 사실을 알려주는 신호탄이기도 합니다. 연금저축 상품을 가입할 때는 재무 목표에 맞는, 꾸준히 불입할 수 있는 금액을 설정하는 것이 중요합니다. 개인 자산의 유동성을 고려하지 않고 가입하면 결국 저축에 실패하게 됩니다.

세 번째는 가입 목적을 상실했기 때문입니다. 매년 초 연말정산을 통해 세액공제 받은 환급액은 본래 목적인 '연금 재원 마련'을 위해 다시 연금저축으로 저축해야 합니다. 그런데 대부분의 사람들은 연말정산 환급금은 '공짜로 들어온 돈'이라고 생각해서 쉽게 지출합니다. 연말정산 환급액이 월급통장에 들어올 때 갑자기 새 휴대폰으로 바꾸고 싶거나 훌쩍 여행을 떠나고 싶은 마음이 생겨 자신도 모르게 어렵게 모은 돈을 쉽게 쓰곤 합니다. 소비가 커지다 보니 결국 중간에 연금저축 상품을 해약하는 것입니다.

자신의 노후와 바꿀 수 있는 것은 아무것도 없습니다. 노후를 위해 모으는 돈은 무슨 일이 있어도 노후에 사용해야 합니다. 당장 눈앞에 아른거리는 다양한 욕심들을 채우고자 쉽게 연금저축을 해지하는 사람들을 볼 때마다 참으로 안타깝습니다. 다시 한 번 말하지만 자신의 노후와 바꿀 만큼 중요한 것은 어디에도 없습니다.

가입보다 관리가 중요한 연금저축

연금저축은 은행, 증권사, 보험사에서 가입할 수 있습니다. 그러나 현재 대부분의 연금저축 가입자는 보험회사를 통해 가입하고 있습니다. 은행이나 증권사는 고객이 지점을 직접 방문해서 가입해야 하는 번거로움이 있지만, 보험사에서 가입할 수 있는 연금저축보험은 보험설계사가 고객을 찾아 다니기 때문입니다. 연금저축은 꼭 필요한 금융 상품이지만 아직까지 자발적으로 가입하는 경우는 드물다고 합니다. 필요성은 알지만 누군가가 옆에서 권유하고 자꾸 이야기를 해줘야 가입합니다. 그 누군가가 보험설계사인 것입니다.

취급하는 금융기관에 따라 연금저축 상품의 특징이 다르기 때문에 불

● 연금저축보험 공시이율 변동 예시

보험사명	상품명	최초 판매일	상품 유형	직전 3년 공시이율(%)		
				2015년	2016년	2017년
OO 생명	연금저축 OOO 연금보험	2003년 6월 23일	금리 연동형	2.79	2.58	2.41

자료: 생명보험협회 공시실

리는 명칭도 다릅니다. 은행에서 가입하면 연금저축신탁, 보험사에서 가입하면 연금저축보험, 증권사에서 가입하면 연금저축펀드로 불립니다. 그런데 가입자의 약 74.1%가 보험사에서 판매하는 연금저축보험에 가입되어 있어 상품의 쏠림 현상이 심각한 상황입니다.

'연금저축보험 공시이율 변동 예시' 표를 봅시다. 연금저축보험은 예금자보호법을 적용받아 안정적인 투자가 가능한 대신, 공시이율로 불리는 적립된 보험료의 수익률이 장기간 운용되는 상품인 걸 감안했을 때 수익은 높지 않습니다. 또한 공시이율 자체가 점점 낮아지고 있는 추세여서 예상 연금수령액이 변할 수 있습니다.

연금저축은 마라톤과 같이 철저히 계획하고 준비해야 하는 장기 운용 상품입니다. 따라서 상품 가입 후 국내외 경제상황이 바뀌고 투자자의 자산현황, 투자성향, 그리고 경험치도 바뀌게 됩니다. 때로는 저축 목표도 바뀔 수 있습니다. 처음 가입한 상품이 수익률이나 관리 측면에서 마음에 들지 않을 수도 있습니다. 이런 경우에 사용할 수 있는 방법이 연금저축 금융기관 이전제도입니다.

연금저축 금융기관 이전제도를 통해 보험사에서 가입한 연금저축보

● 개인연금 규모

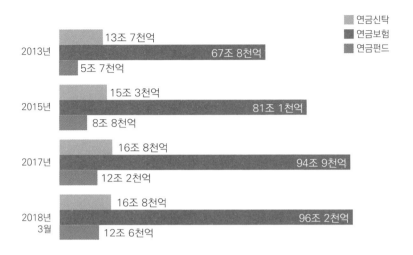

(범례) 연금신탁 / 연금보험 / 연금펀드

2013년
13조 7천억
67조 8천억
5조 7천억

2015년
15조 3천억
81조 1천억
8조 8천억

2017년
16조 8천억
94조 9천억
12조 2천억

2018년 3월
16조 8천억
96조 2천억
12조 6천억

자료: 금융감독원, 에프앤가이드

험을 증권사의 연금저축펀드나 은행의 연금저축신탁으로 이전할 수 있습니다. 반대로 은행이나 증권사에서 가입한 연금저축 상품을 보험사로 이전할 수도 있습니다. 2015년부터 연금저축계좌 이전 간소화 제도가 시행되어 금융회사 간 연금저축을 옮기는 절차가 매우 간편해졌습니다. 계좌를 옮기려는 금융회사에 찾아가 연금저축계좌를 개설하고이체 신청만 하면 됩니다. 최근에는 방문하지 않아도 금융회사의 홈페이지나 애플리케이션을 활용해 계좌 이전을 진행할 수 있습니다. 조금더 유연하고 효과적으로 연금저축을 운용하고 관리할 수 있게 된 것입니다.

　연금저축은 장기 저축 금융 상품인 만큼 장기적으로 기대수익률이 높

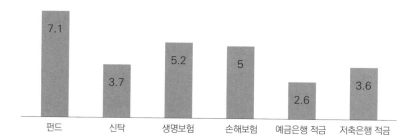

● 연금저축 평균 수익률*

(단위: %)

펀드 7.1
신탁 3.7
생명보험 5.2
손해보험 5
예금은행 적금 2.6
저축은행 적금 3.6

*연말 세액공제와 연금수령 시 연금소득세를 고려한 수익률

자료: 금융감독원, 에프앤가이드

은 것을 선택하는 것이 좋습니다. 최근 10년간 연금저축의 평균 수익률을 나타낸 그래프를 봅시다. 연금저축 상품 중 주식형 펀드의 10년 수익률이 가장 높습니다. 또한 최근의 저금리 상황에서 주식 시장에 유입되는 자금은 계속해서 증가하고 있으며, 국내뿐만 아니라 선진국 시장에 투자할 수 있는 다양한 연금저축 상품의 종류가 구축되어 있기 때문에 갈수록 연금 시장의 규모는 커질 예정입니다.

연금저축 상품은 판매회사에 따라서 각각의 개성을 가지고 있습니다. 연금저축신탁은 주로 채권에 투자해 안정적인 수익을 올리고, 연금저축보험은 매월 변동되는 보험사의 공시이율에 따라 이자율이 결정되는 구조로 되어 있습니다. 두 상품 모두 원금이 보장되고 예금자보호도 가능합니다. 연금저축펀드는 일반 펀드처럼 국내 및 해외 주식형·혼합형·채권형 펀드 중에서 투자할 펀드를 선택하고 포트폴리오를 구성해서 분산투자를 할 수 있습니다. 연금저축신탁과 연금저축보험에 비해 기대수익률이 높지만 원금보장이 되지 않고 예금자보호 대상도 아니라는 점은 유의해야 합니다.

연금저축은 납입방식에도 차이가 납니다. 연금저축신탁과 연금저축펀드는 납입금액과 시기를 가입자가 자유롭게 결정할 수 있습니다. 금액을 수시로 변경할 수 있고 납입하는 시점도 여러 번 분산하고 선택할 수 있습니다. 그러나 연금저축보험은 매월 정해진 금액을 꼬박꼬박 납입해야 합니다.

또한 연금저축신탁이나 연금저축펀드는 중간에 납입을 중단해도 적립되어 있는 자금이 채권이나 펀드로 운용되어 계약이 계속 유지되지만, 연금저축보험은 납입유예 제도(2014년 4월 이후 체결한 계약부터 가능하며 1회 12개월 이내에서 최대 3회까지 허용)를 이용하지 하지 않은 채 2개월 이상 납부하지 않으면 효력을 잃습니다. 게다가 효력을 잃은 후 2년이 지나면 계약이 해지되기 때문에 꾸준히 보험료를 납입할 수 없다고 판단된다면 무작정 해지하지 말고 금융기관 이전제도를 통해 연금저축신탁이나 연금저축펀드 등 다른 연금저축으로 변경해야 합니다.

연금저축 상품은 연금수령 측면에서 보더라도 금융기관별로 분명한 차이가 있습니다. 생명보험사의 연금저축보험이 단연 돋보입니다. 다른 상품들은 10년, 20년, 30년 등 정해진 기간 동안만 연금을 수령하도록 되어 있지만 생명보험사의 연금저축보험은 종신형 연금수령이 가능하기 때문입니다. 종신형 연금은 평생토록 연금을 받을 수 있기 때문에 고령화 시대에 더욱 유리한 수령 방법이라고 할 수 있습니다.

연금저축펀드의 경우 연금저축계좌 안에 여러 종류의 펀드를 다양하게 담을 수 있습니다. 채권형을 비롯해 주식형과 해외 펀드 등 다양한 자산에 투자해 기대수익을 높일 수 있고 상황에 따라 펀드의 투자 비중을 변경할 수 있습니다. 따라서 연금저축을 초기에 가입해 불입하는 동안에는 증권사의 연금저축펀드를 통해 기대수익을 높이고, 연금을 수령할 시점에는 금융기관 이전제도를 통해 생명보험사의 연금저축보험으로 이전해 종신형 연금으로 수령하는 방법이 좋습니다.

연금 상품의 주된 목적과 기능은 오랫동안 꾸준하고 안정적인 연금을 지급받는 것입니다. 특히 고령화 속도가 매우 빠르고 평균 수명이 지속적으로 늘어나고 있는 상황에서 종신형으로 연금을 수령하는 옵션은 반드시 필요합니다. 그러나 연금수령 금액에 따라 종합소득세 과세 구간에 해당해 불필요한 세금을 납부해야 하는 경우도 있고, 인생의 이벤트와 재무 상황에 따라서 중간에 조정이 필요한 순간이 옵니다. 반드시 연금저축 전문가와 함께 자신의 연금저축을 꾸준히 점검할 필요가 있습니다. 노후 준비는 이제 선택이 아닌 필수입니다.

연금저축을 가입해야 하는 4가지 이유

대부분의 사람들은 '연금저축 = 세금을 돌려받을 수 있는 상품'으로만 알고 있습니다. 하지만 연금저축이 연금저축계좌로 개정되면서 세제 혜택뿐만 아니라 다양한 혜택이 늘어났습니다. 하나의 연금저축계좌 안에 여러 가지 다양한 포트폴리오를 구성해 투자할 수 있는 자산 관리 기능과 배우자 사망 시 연금저축계좌를 배우자에게 상속할 수 있는 기능 등입니다. 연금저축의 다양한 혜택에 대해서 알아봅시다.

| 1 | 세액공제 및 절세 효과

연금저축계좌의 가장 큰 특징은 각종 절세 혜택입니다. 연금운용 시 연간 총 납입 한도인 1,800만 원 중에서 세액공제 최대 한도인 400만 원까지 납입한 금액에 대해서 13.2%(또는 16.5%)의 비율로 세액공제 혜택을 받을 수 있습니다. 또한 연금저축 상품에서 발생된 운용수익은 바로 과세하지 않고 연금을 수령하는 시점인 만 55세 이후로 과세이연 하기 때문에 연금수령 전까지는 꾸준하게 추가 수익을 올리며 연금 자산을 키울 수 있습니다.

연금수령 시기에는 일반과세(15.4%)를 적용하지 않고 3.3~5.5%의 저율과세인 연금소득세를 적용합니다. 또한 연간 수령하는 연금액이 ,만

● 연금저축 세액공제 및 절세 효과

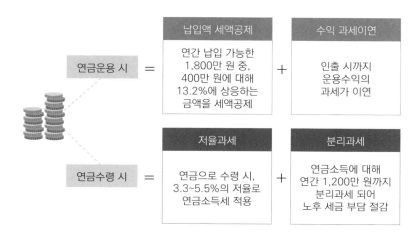

● 소득세법 제20조3 개정 전후 비교

내용	세법 개정 이전	세법 개정 이후(현재)
연금소득세 수령나이별 단계별 인하	5.5%	만 55~69세 5.5%
		만 70~79세 4.4%
		만 80세 이상 3.3%
분리과세 한도 상향	600만 원(공적연금 포함)	1,200만 원(공적연금 제외)
적립 한도 상향	연 1,200만 원 (분기별 300만 원 한도)	연 1,800만 원 한도

※ 2013년 소득세법 개정 사항 적용, 연금소득세율은 지방소득세 포함, 세법 개정 이후 적립 한도는 퇴직연금 추가 납입금액 합산

원을 넘지 않는 경우에는 분리과세를 적용하기 때문에 연금과 관련한 세금에 대한 부담이 줄어듭니다.

연금저축을 반드시 ① 5년 이상 가입해 유지하고 ② 만 55세 이후에 조건에 맞게 연금으로 수령해야만 납입액 기준 7.7~9.9%의 절세 효과가 발생합니다. 물론 연금으로 수령하지 않고 중도에 해지하는 경우에도 3.3%의 절세 효과를 누릴 수 있습니다.

연금저축에 그동안 천만 원을 납입하고 총 132만 원을 연말정산으로 환급받은 사례를 바탕으로 연금수령 시와 중도해지 시의 세금을 살펴봅시다. 계산의 편의상 수익률은 고려하지 않고 원금을 기준으로 세금만 고려했습니다.

연금수령 시에 연금소득세율 3.3~5.5%를 적용하면 1천만 원에 해당하는 소득세로 33만~55만 원을 납부하게 됩니다. 연금 납입기간 중 연말정산 세액공제로 총 132만 원을 환급받았고, 연금수령 시 연금소득

● 연금수령 vs. 중도해지

연금수령 시	중도해지 시
연금소득세 33만~55만 원 부과 (77만~99만 원 이익, 7.7~9.9% 절세 효과)	기타소득세 165만 원 부과 (33만 원 손실, 3.3% 절세 효과)

세 33만~55만 원을 내게 됩니다. 결과적으로 77만~99만 원의 세금이 줄어들어 그만큼의 절세 효과가 발생합니다.

연금저축에 가입 후 연금으로 수령하기 전에 중도해지를 하더라도 세제 혜택은 여전히 존재합니다. 연금저축에 1천만 원을 납입한 뒤 중도에 연금저축을 해지하는 경우에는 반드시 16.5%의 기타소득세, 즉 165만 원을 납부해야 합니다. 그러나 납입기간 동안 1천만 원에 대한 세액공제 금액인 132만 원을 환급받았기 때문에 중도에 해지하게 되더라도 165만 원을 내는 것이 아닙니다. 결론적으로 165만 원과 132만 원의 차액인 33만 원의 추가 세금만 발생하게 되는 것입니다.

연금저축에 가입 후 어쩔 수 없이 중도해지를 하더라도 그동안 받은 세액공제액을 고려한다면 세금 납부를 해야 하는 시점에도 절세를 할 수 있습니다. 결론적으로 연금저축에 꾸준하게 적립한 금액은 최대한 연금으로 수령하는 것이 유리하며, 중도에 해지하는 일이 발생한다 하더라도 그 손실을 최소한으로 줄일 수 있는 절세 효과가 있습니다.

| 2 | 뛰어난 자산 관리 기능

연금저축계좌의 두 번째 특징은 바로 자산 관리 기능입니다. 연금저축 계좌는 하나의 계좌 안에서 다양한 투자 포트폴리오를 구성하고 운용 할 수 있으며, 계좌 내에서 지역과 대상을 나눠 분산투자가 가능해 투자 에 대한 위험을 상당 부분 낮출 수 있습니다. 또한 연금저축계좌에 운 용되는 연금 펀드는 환매수수료가 없기 때문에 시장 상황에 맞춰 펀드 변경이 자유롭습니다.

연금저축계좌 내 여러 펀드를 유형별, 성향별, 지역별로 분산투자 해

● 연금저축의 자산 관리 기능

다양한 투자기회
• 연금저축계좌로 투자하는 연금 펀드는 환매 수수료가 없기 때문 에 언제든 자유롭게 펀드를 바꾸어 투자 가능 • 계좌 단위로 관리가 가능하기 때문에 투자 지역과 투자 대상을 분 산해 리스트를 낮추는 포트폴리오 투자가 용이

자유로운 저축과 부분 현금 인출 가능
• 연 1,800만 원까지 납입 가능하며 세액공제 혜택을 받지 않은 금 액에 대해서는 자유로운 인출 가능 (예시: 2015년에 1,200만 원 납입-2016년에 400만 원 세액공제 -800만 원까지 별도 부담금 없이 인출 가능)

※ 연금 수령 시 기타소득세 부과
연금 외의 형태(해지 등)로 수령하면 16.5%(지방소득세 포함) 기타소득세가 부과. 연금 수령자가 사망 등 부득이한 사유로 연금 수령 불가 시에는 기타소득세 13.2%(지방소득세 포함)를 부과(종합과세 없음)

위험을 낮추고 수익률을 올리는 투자 방식은 노후 자금을 쌓아가는 전 기간 동안 다양하게 적용할 수 있습니다. 또한 연간 납입 한도 1,800만 원 내에서 자유롭게 납입이 가능해 세제 혜택을 받지 않은 금액에 대해서는 언제든지 자유롭게 인출해 사용할 수 있습니다. 세액공제를 받지 않은 금액은 언제든지 과세 없이 자유롭게 인출이 가능합니다.

| 3 | 다양한 포트폴리오 구성

(구)개인연금과 (구)연금저축의 경우 단일계좌 단일상품의 구조이기 때문에 하나의 상품만 가입해 운용하도록 설계되었습니다. 그러나 연금저축계좌의 경우는 하나의 계좌 안에서 다양한 상품들을 조합해 구성

● 연금저축계좌 포트폴리오 변경 기능 비교

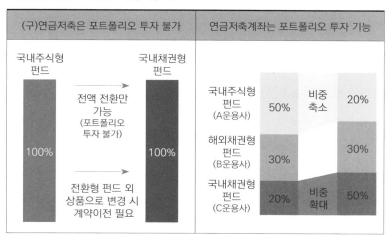

할 수 있습니다. 먼저 (구)연금저축를 살펴보겠습니다. (구)연금저축에 국내 주식형 펀드를 가입하고 있다가 시장 상황에 따라 채권형 펀드로 갈아타고 싶은 경우에 펀드의 일부 자금만 환매해 채권형으로 옮길 수 없습니다. 무조건 전액 기준으로 상품을 매도한 후 매수 전환해야만 합니다. 또한 전환형 펀드 이외의 상품으로 변경하는 경우에는 계약을 이전해야 하는 번거로움이 있습니다.

연금저축계좌의 경우 다양한 운용사의 상품들을 마음껏 포트폴리오에 담아 관리할 수 있으며 라이프 사이클에 따라 원하는 비율로 투자 금액 및 방법을 변경할 수 있습니다.

| 4 | 배우자에게 상속 가능

연금저축계좌에 가입 후 오랫동안 운용하고 있다가 갑작스럽게 연금 가입자가 사망하는 사고가 발생하면 어떻게 될까요? 과거 세법이 변경되기 전 연금저축 상품의 경우 해당 상품이 즉시 해지되고 상속 절차가 진행되었습니다. 말 그대로 가입자가 사라졌기 때문에 남겨진 가족의 의사와는 상관없이 상품도 해지 처리된 것입니다. 그러나 연금저축계좌의 경우에는 2013년 이후 세법이 개정되면서 가입자 사망 시에도 배우자가 승계할 수 있는 선택권이 생겼습니다.

물론 배우자가 해당 상품을 해지해 곧바로 상속 절차를 진행해도 상관은 없습니다. 그러나 사망한 배우자의 연금저축계좌에 상당한 자금이 쌓여 있고 꾸준한 수익이 발생한 경우라면, 상속 후 상품을 유지해

● 배우자 사망 시 승계 가능

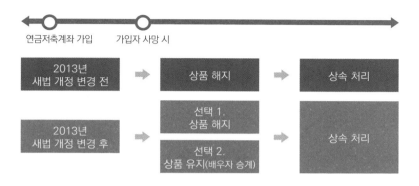

연금수령이 가능한 배우자 상속 기능을 활용하는 것이 좋습니다. 연금 저축 가입자의 사망으로 인해 배우자에게 상속되는 경우 상속세 계산 시점은 상속개시일(사망일)을 기준으로 합니다. 2013년 세법 개정 이후에 연금저축의 상속 처리는 ① 상품 해지 또는 ② 배우자 승계 중 상속인이 원하는 방식을 선택하면 됩니다.

배우자가 연금 승계를 신청한 경우

- 배우자가 연금을 승계한 경우 해당 연금계좌의 소득금액을 승계하는 날을 그 연금계좌 가입일로 함
- 가입 후 5년 이후에 인출하도록 하는 연금수령 요건 판단 시에는 피상속인의 가입일로 해서 적용함
- 이미 원천징수된 세액과 상속인이 인출한 금액에 대한 세액과의 차액이 있으면 세액을 정산함

2장

연금저축을 아는 것이
노후 준비의 시작이다

서울에서 직장생활을 하고 있는 30대 중반의 중소기업 과장입니다. 희망찬 포부로 20대 중반에 회사에 입사한 때가 엊그제 같은데 벌써 10년이나 흘렀네요. 10년 전 회사에 입사할 때 선배들이 노후도 준비하고 소득공제도 받을 수 있는 연금저축보험을 가입하라고 해서 매월 25만 원씩 10년째 불입 중입니다.

그동안 소득공제도 받으면서 목돈을 모을 수 있어서 좋았습니다. 얼마 전 새로 입사한 후배들에게 매월 25만 원씩 매년 300만 원을 꼬박꼬박 연금저축보험에 저축하라고 권했는데, 후배들은 오히려 수익률이 좋은 증권사의 연금저축펀드에 가입했다고 하며 연간 한도도 400만 원으로 늘었다고 알려주었습니다. 또 세액공제로 바뀌었다고도 하고요. 저는 보험사에서만 가입이 가능하고 연간 한도도 300만 원으로 알고 있었는데 그 사이에 많은 내용이 바뀐 것 같아 헷갈리기만하네요. 연금저축 제도가 어떻게 변경되었는지 알려주세요.

36세 직장인 김상우 님의 사례

직장인 김상우 님은 10년 전 직장생활을 시작하면서 나름의 저축 계획을 세우고 성실하고 꾸준히 저축을 해왔습니다. 노후를 위해 연금 준비도 하고 연말정산 혜택도 받을 수 있는 연금저축보험에 매월 25만 원씩 불입해왔습니다. 입사 초반에는 재테크에 관심도 생겨 이것저것 알아보고 공부도 했지만 그사이 점점 회사 업무가 많아지고 결혼과 육아로 인해 점점 일상생활이 바빠지면서 재테크에서 멀어지게 되었습니다.

최근 입사한 후배들과 이야기를 나누던 중 노후 준비에 대해 대화를 하던 김상우 님은 매월 25만 원씩 연간 300만 원 한도로 불입하면 52만 8천 원의 소득공제를 받을 수 있어 연말정산 때 유리하다고 10년 전 가입 당시의 기억을 떠올리며 후배들에게 소득공제와 노후 준비를 할 수 있는 연금저축에 대해 말해주었습니다. 하지만 후배들은 소득공제에서 세액공제로 바뀌었고, 불입 한도도 300만 원에서 400만 원으로 변경되어 연말정산 때 66만 원의 환급금을 돌려받을 수 있다고 변경된 정보를 알려주었습니다. 또한 개인형퇴직계좌인 IRP에 추가로 300만 원을 불입하면 115만 5천 원까지 세액공제로 돌려받을 수 있다는 말에 놀라며 사실 확인차 상담을 요청해왔습니다.

재무 상담을 하다 보면 김상우 님처럼 연금저축에 가입해 10년 정도 유지하고 있는 고객들을 자주 봅니다. 최소 10년 이상 유지해야 하는 장기 금융 상품이다 보니 처음 가입할 때만 세제 혜택과 불입금 한도 등에 대해 신경 쓰고, 그 이후로는 계속 불입만 하는 경우가 대부분입니다. 그리고 당시에는 펀드 투자가 보편화되기 전이었기 때문에 보통 보험사의 연금저축보험에 많이 가입되어 있습니다.

2013년 3월 소득세법의 개정에 따라 연금저축에서 연금저축계좌로 바뀌면서 연간 불입 한도뿐만 아니라 상품이 아닌 계좌 단위로 운용할 수 있도록 변경되었습니다. 이로 인해 다양한 금융 상품에 투자할 수 있게 되었고 보험사에서 증권사로, 또 증권사에서 은행으로 금융기관들 간에 이동이 가능합니다. 이동 절차 또한 간소화되면서 기존 연금저축의 부족한 부분을 보완해주고 있습니다. 이번 장에서는 연금저축 상품의 변천사를 통해 연금저축을 조금 더 제대로 활용할 수 있는 방법에 대해 알아보도록 하겠습니다.

개인연금저축과 연금저축계좌는 다르다

연금저축계좌는 납입기간 동안 세제 혜택을 주며 노후 자금 마련을 위해 최소 5년 이상 납입하고 만 55세 이후부터 연금으로 수령하도록 만든 대표적인 노후 준비 상품입니다. 금융감독원에 따르면 2018년 상반기 기준 전체 연금저축 적립금 규모는 130조 원으로, 3년 새 20조 원이 늘었으며 가입자는 699만 명이 넘었습니다. 국민연금 기금 고갈에 대한 우려와 노후에 대한 불안감 때문에 대표적인 개인연금 상품인 연금저축에 돈이 몰리고 있습니다.

국민연금과 퇴직연금만으로는 노후 자금 마련이 충분하지 않기 때문에 기존에 판매되고 있던 연금저축을 계좌의 형식으로 보완해 연금저축

(구)개인연금저축	(구)연금저축	신연금저축(연금저축계좌)
1994년 6월~ 2000년 12월	2001년 1월~ 2013년 2월	2013년 3월~ 현재

계좌를 만들었습니다. 연금저축계좌는 결국 노후 준비를 위한 '연금 관리 통합 계좌'라고 할 수 있습니다. 연금저축은 연간 납입한 금액에 대해 세액공제 혜택을 주는 상품으로 1994년 개인연금이 처음으로 도입된 이후 2001년에 새롭게 탈바꿈했습니다. 이후 소득세법에 근거해 발전을 거듭하다 2013년부터 '연금저축계좌'라는 명칭을 본격적으로 사용하기 시작했습니다. 연금저축은 상품 도입 시점에 따라 명칭을 달리하기 때문에 반드시 정확한 명칭을 확인해야 합니다.

(구)개인연금저축은 (구)조세특례제한법 제86조에 근거해 만 20세 이상이면 누구나 가입이 가능하고 납입 계약 기간 10년 이상, 연금 지급 5년 이상의 조건으로 가입할 수 있는 상품입니다. 납입금액 중 일정 비율을 소득공제 해주고 연금수령 시 전액 비과세를 적용합니다. (구)연금저축은 (구)조세특례제한법 제86조의2 및 소득세법 제20조의3에 근거해 납입금 전액을 소득공제 해주고 연금수령 시 과세하는 상품으로 변경되어 판매되었습니다.

신연금저축(이하 연금저축계좌)은 2013년 3월 1일부터 현재까지 가입할 수 있는 금융 상품입니다. 연금저축계좌는 소득세법 제20조의3에 근거해 가입 요건을 완화하고 납입기간을 5년으로 단축했으며 연금 지급

기간을 10년 이상으로 변경했습니다. 바로 이때부터 '계좌'라는 용어를 처음 사용하게 되었고, 이는 특정 금융 상품을 지칭하는 것이 아니라 소득(세액)공제 혜택을 받고 나중에 연금소득세를 납부하는 연금을 하나의 계좌로 묶어서 관리한다는 의미입니다.

연금저축계좌는 기존에 존재하던 상품 단위의 연금저축에 비해 다양한 상품(연금저축 전용 펀드 및 일반 펀드 내 연금저축 전용 클래스)을 조합한 포트폴리오 투자가 가능하도록 개선되었습니다. 기존에 가입한 (구)개인연금저축은 개별 상품 단위로 세제 혜택이 주어졌기 때문에 상품을 새롭게 바꾸려면 (구)개인연금저축 내에서만 이동이 가능했고 상품 선택의 폭이 매우 좁았습니다. 그러나 연금저축계좌는 계좌 단위로 세제 혜택을 받기 때문에 계좌 안에서 다양한 금융 상품에 투자할 수 있는 장점이 있습니다.

현재 판매되고 있는 연금저축계좌는 그동안 꾸준히 개선되고 새로운 기능들이 더해져 보다 많은 사람들이 더욱 효율적으로 활용할 수 있도록 진화된 형태입니다. 단일 상품이 아닌 계좌 단위로 운용할 수 있기 때문에 장기간 운용하며 시장 상황과 개인 상황의 변화에 따라 적절하게 조정할 수 있습니다.

연금저축의 3단계 개정 이해하기

이번에는 연금저축 상품의 변천사(history)를 살펴보려고 합니다. 왜냐하면 연금 상품이 처음 출시되어 가입을 망설이던 초창기 시절부터 노후 준비를 위해 "연금은 이제 필수"라는 인식이 자리 잡은 현재에 이르기까지, 상품은 계속해서 진화를 거듭하고 있기 때문입니다. 연금 상품의 지속적인 발전에 따라 관련 제도와 적용 세법도 계속 변화했습니다. 기존에 가입되어 있는 가입자의 해당 연금 상품이 어떤 특징을 가지고 있으며 현재의 연금 상품은 어떻게 구성되어 있는지 이해하는 것은 은퇴 시 수령하는 연금수령액에 영향을 주기 때문에 상당히 중요합니다.

| 1 | (구)개인연금저축:
1994년 6월 20일~2000년 12월 31일(판매 종료)

(구)개인연금저축이란 개인의 노후생활 및 장래의 생활 안정을 목적으로 일정 금액을 적립해 연금을 수령할 수 있는 장기 저축 상품으로, 1994년 6월부터 2000년 12월까지 가입이 가능했던 연금 상품입니다. 연간 180만 원을 납입하면 40%의 소득공제를 적용해서 연간 72만 원 한도로 소득공제를 해주었습니다.

납입 단계에서 소득공제를 해주고 연금운용과 연금수령하는 시점에서 과세가 되지 않은 비과세 상품이라는 특징이 있습니다. 또한 연금으

● (구)개인연금저축

구분	내용
가입 대상	만 20세 이상 국내 거주자
가입 금액	매회 1만 원 이상 전 금융기관 합산 분기당 300만 원 이내
적립 기간	10년 이상 연 단위 설정 가능
가입 한도	분기별 300만 원 이내(연 1,200만 원 이내)
연금 지급 기간	적립 후 10년 경과 및 만 55세 이후부터 5년 이상 분할 수령
소득공제한도	납입액 기준 최대 180만 원을 기준으로 불입액의 40% 소득공제 (연간 72만 원 한도 소득공제)
보수/수수료	약관, 회사 및 협회 연금저축 공시 화면에서 확인 가능(기관별 차등)
계약 이전	계약자의 요청에 따라 운용기관을 타 금융기관으로 변경 가능 ((구)개인연금 내에서만 가능하며, 가입회사 내 연금 상품 간 변경 가능)
적용 시기	2000년 12월 말까지 가입분(2001년부터 판매 중지)

● (구)개인연금저축 세제

구분	저축액 납입 시	중도해지 시 과세		연금 개시 후 과세 기준	
		5년 이내	5년 이후		
세제 종류	소득공제 혜택 (연간 불입액의 40%, 72만 원 한도)	이자소득세 15.4% 부 과 및 해지 추징세 부과 4.4%*	이자소득세 15.4% 부과 (해지추징세 없음)	없음 (이자소득세 비과세)	해지 시 이자소득 종합과세

* 해지추징세 부과: 소득공제 추징, 5년 내 해지 시까지 납입금액의 4%(연간 7,200만 원 한도, 지방소득세
  포함 시 4.4%)

로 수령하기 위해서는 10년 이상 가입해야 하며, 만 55세 이후 연금으
로 수령해야 합니다.

| 2 | (구)연금저축:
2001년 1월 1일~2013년 2월 28일(판매 종료)

연금저축은 (구)개인연금저축을 대신해 2001년 1월 1일부터 2013년 2월
28일까지 판매되었습니다. 조세특례제한법 제86조의2 및 소득세법
제20조의3에 근거해 납입금 전액을 소득공제 해주고 연금수령 시 과
세하는 상품입니다. 소득공제 혜택은 이전 (구)개인연금저축에 비해 커
졌지만 연금수령 시 수령액에 대해 비과세되던 것이 과세로 바뀐 점은
아쉽습니다.

얼핏 이름만 비슷하게 바뀐 정도로 대수롭지 않게 생각하기 쉽지만
상품을 자세히 들여다보면 납입금액 한도나 세제 혜택 비율, 과세 적용

● (구)연금저축

구분	내용
가입대상	만 18세 이상 국내 거주자
가입금액	매회 1만 원 이상 전 금융기관 합산 분기당 300만 원 이내
적립기간	10년 이상 연 단위 설정 가능
가입 한도	분기별 300만 원 한도(연 1,200만 원 한도)
연금 지급기간	적립기간 만료 후 만 55세 이후부터 5년 이상
소득공제 한도	연간 불입액의 100%(연간 400만 원 한도)
	2001~2005년: 240만 원 2006~2010년: 300만 원 2011~2013년: 400만 원 2014년부터 세액공제로 변경*
보수/수수료	약관, 회사 및 협회 연금저축 공시 화면에서 확인 가능 (기관별 차등)
계약이전	2013년부터 판매된 연금저축계좌로 이전 가능
적용시기	2001년 1월 1일~2012년 12월 31일까지 가입분 (2013년부터 판매 중지)

* 2015년부터 종합소득 4천만 원 이하(근로소득만 있는 경우 5,500만 원 이하)이면 세액공제율 16.5% 적용

여부 등에서 많은 변화가 있습니다. 상품이 시대의 흐름에 발맞춰 꾸준히 변화하고 진화하고 있기 때문입니다. 상품이 개정되었다면 반드시 본인에게 유리한지 불리한지 잘 따져보고 활용 방법도 적절하게 바꿔야 합니다.

| 3 | 연금저축계좌(신연금저축):
2013년 3월 1일~현재(판매 중)

2013년 3월 이후에 출시된 연금저축계좌(신연금저축)는 연금저축이 가입자에게 가장 유리하게 변경된 최신 버전의 연금 상품입니다. 앞에서 말한 (구)개인연금과 (구)연금저축은 다양한 상품에 분산투자가 사실상 불가능했습니다. 단일계좌 및 단일상품이기 때문에 시장 흐름에 맞는 다양한 포트폴리오 구성과 신규 펀드로의 변경이 제한되었던 것입니다. 또한 급하게 돈이 필요할 때 꺼내 쓸 수 있는 중도인출 기능도 없습니다. 결국 돈이 필요한 상황이 되면 상품을 중도에 해지하는 수밖에 없었습니다.

이런 불편했던 부분들이 대부분 개선되면서 현재의 연금저축계좌는 계좌 안에서 다양한 상품군을 선택해 투자 포트폴리오를 구성할 수 있습니다. 또한 급하게 돈이 필요한 상황이 발생하더라도 세액공제를 받지 않은 금액 내에서는 언제든지 자유롭게 인출할 수 있습니다.

그럼 이전에 가입한 사람들은 어떻게 해야 할까요? 기존에 (구)연금저축에 가입한 사람은 기존 상품을 그대로 유지해도 되지만 가입자가 원하는 경우 구세법을 적용받는 연금저축계좌 또는 신세법을 적용받는 연금저축계좌로 변경할 수 있는 선택권을 제공했습니다.

● 기간별 연금저축 구분

구분	(구)개인연금	(구)연금저축	연금저축계좌(신연금저축)	
제도 시행 기간	1994년 6월~ 2000년 12월	2001년 1월~ 2013년 2월	2013년 3월~현재	
			신연금(구세법)	신연금(신세법)
적용 세법	(구)조세특례제한법 제86조	(구)조세특례제한법 제86조의2 및 소득세법 제20조의3	소득세법 제20조의3 기존 제도 병행	소득세법 제20조의3
계좌 구분			(구)연금저축을 2013년 3월 이후 신연금으로 이체 또는 전환해 (구)연금저축 정보를 선택한 계좌	• 2013년 3월 이후 신규 개설된 계좌 • (구)연금저축을 2013년 3월 이후 신연금으로 이체 또는 전환해 신연금 정보를 선택한 계좌 • 신연금(구세법) 계좌에서 신연금(신세법)으로 전환한 계좌
분산 투자	불가	가능	가능	
중도 인출	불가	가능	가능	
납입 기간	10년 이상		5년 이상	5년 이상
연금 수령 기간	5년 이상		5년 이상	10년 이상
중도 해지	이자소득세 15.4% 부과	기타소득세 22% 부과 → 2014년부터 세율 변경 16.5% 부과 → 가입 후 5년 이내 해지 시 해지가산세(2.2%) 부과	기타소득세 16.5% 부과 (지방소득세 포함) 5년 이내 해지 시 납입금 총액의 2.2% 해지가산세 부과	기타소득세 16.5% 부과 (지방소득세 포함) 해지가산세 없음

연금저축계좌 자세히 알아보기

2013년 소득세법령이 개정되면서 도입된 연금저축계좌는 단일 연금저축 상품이 아닌 계좌 단위로 운영되면서 절세 혜택뿐만 아니라 다양한 금융 상품에 투자해 수익성을 높일 수 있게 되었습니다. 또한 연금저축 금융기관 이전 시 기존 금융기관과 변경할 금융기관 두 곳을 모두 방문해야 했지만 절차가 간소화되어 변경할 금융기관에 한 번만 방문하면 되는 등 편의성이 더해져 가입자가 큰 폭으로 늘었습니다.

　연금저축계좌에 대해 표로 정리했으니 살펴봅시다.

● 연금저축계좌

구분	내용
상품 특징	소득세법에서 정한 요건을 충족하는 경우 연금소득으로 과세되고, 세액공제 혜택을 받을 수 있는 연금 상품
가입 대상	연령 제한 없음(주부 및 어린이 등 모두 가능)
가입 금액	• 매회 전 금융기관 합산 연 1,800만 원 이내(저축펀드계좌 및 퇴직연금계좌에서의 자기 부담금 포함) • 합산 관리 연금계좌: 연금저축펀드, 연금저축계좌, 추가IRP, DC형 계정 합산 • 분기 납입 한도 폐지: 연 1,800만 원 일시에 적립 가능 • 연금수령 기간 동안에는 연금계좌에 납입 불가
가입 기간	최소 5년 이상 유지해야 연금수령 가능(퇴직금이 있는 연금계좌는 예외에 해당)
세제 혜택	• 총급여액 5,500만 원 이하: 연간 납입액의 16.5%(납입액 기준 최대 400만 원 한도, 66만 원 공제) • 총급여액 5,500만 원 초과: 연간 납입액의 13.2%(납입액 기준 최대 400만 원 한도, 52만 8천 원 공제) • 총급여액 1억 2천만 원 초과: 연간 납입액의 13.2%(납입액 기준 최대 300만 원 한도, 39만 6천 원 공제) • 연금수령 개시 신청 전에는 해당 과세기간 순 납입액에 대해 가능 • 연금수령 개시 신청하는 해에는 연금수령 개시 신청일까지 순 납입액에 대해 가능 (순 납입액=당해 연도 납입금액-당해 연도 납입금액으로부터 인출한 금액)
연금 수령	• 가입 후 5년 경과 및 만 55세 이후 연금수령 개시 신청 가능하며, 가능일로부터 10년 이상 수령 • 매년 연금수령 한도 이내에서 인출 • 연금수령 한도(세전 금액): 계좌 평가액/(11-연금수령 연차)×120% 이내 • 연령에 따라 3.3~ 5.5% 연금소득세 징수(지방소득세 포함)
연금 외 수령	연금수령 외 일시금 인출 시 기타소득세 16.5% 징수(분리과세)
분리과세 한도	연금수령 시 연간 1,200만 원 분리과세 혜택(초과 시 종합과세 적용)
중도 인출	수시 중도 인출 가능(단, 과세대상 금액 반드시 확인)
중도 해지	• 해지가산세 없음(단, 2013년 3월 1일 이전 가입자는 5년 이내 해지 시 세제 혜택을 받은 납입금액의 2.2%를 해지가산세로 납부) • 세제 혜택을 받은 납입원금과 운용수익에 대해 16.5%의 기타소득세(주민세 포함) 납부
계좌 이체	계약자의 요청에 따라 일부 또는 전액을 세금추징 없이 다른 금융기관의 연금저축계좌로 이체 가능함
상속 승계	가입자 사망 시 배우자의 안정적 노후 소득 보장을 위해 계좌 승계 가능

만약 부득이한 사유로 해지 시 가장 낮은 소득세율 적용합니다. 부득이한 사유란 천재지변, 가입자의 사망, 가입자의 개인회생 또는 파산선고, 가입자의 해외 이주, 가입자나 그 부양가족의 3개월 이상의 요양, 금융기관의 영업정지, 파산, 사유확인(발생)일로부터 6개월 이내(사망 포함) 등이 있습니다. 2014년까지 13.2%, 2015년부터 3.3~5.5%를 적용합니다.

| 1 | 연금저축 세제

중도해지 및 연금 외 수령 시에는 매년 납입액 중 연 400만 원을 초과해 납입한 금액의 이자분도 포함해 기타소득세를 부과합니다. 총연금액(공적연금 제외)이 연 1,200만 원을 초과하면 종합소득신고 대상이지만 부득이한 사유 및 의료비 인출에 따른 연금소득은 분리과세를 적용하며 1,200만 원 초과 여부 판단 시에도 제외됩니다.

이연 퇴직소득에 대해서는 연금수령 시 퇴직 시점 퇴직소득세율의

● 연금저축 세제

구분	저축액 납입 시	연금 수령 시	중도해지 및 연금 외 수령 시	부득이한 사유로 인출 시	사망으로 인출 시
세제 종류	세액공제 혜택 (납입액 기준 연간 400만 원 한도)	연금 소득세 3.3~ 5.5%	기타 소득세 16.5%	연금 소득세 3.3~ 5.5%	연금 소득세 3.3~ 5.5%

70%를 적용받으며, 연금 외 수령(일시금) 시에는 퇴직소득세를 부과합니다. 총 연금액 1,200만 원 한도 산정 시에는 공적연금(국민연금 등), 퇴직금으로 받은 퇴직연금, (구)개인연금은 제외됩니다. 또한 연금저축, 퇴직연금(본인 추가 납입액)의 경우 소득공제나 세액공제를 받지 않은 금액에서 지급받은 연금액은 한도에 포함되지 않습니다.

연금저축계좌는 은행, 증권사, 보험사에서 가입할 수 있는 상품입니다. 세액공제 혜택을 받는 부분은 동일하지만 상품별로 특징은 조금씩 다르기 때문에 기관별 상품의 특징을 알아야 합니다. 또한 원금보장 여부, 위험 및 수익률 수준, 수수료(신탁보수나 사업비 등) 등이 서로 다르므

연금저축 Q&A

Q. (구)연금저축을 연금저축계좌(신연금저축)으로 변경할 때 구세법과 신세법 적용 중 어느 것으로 적용하는 것이 좋을까요?

예를 들어 2013년도 시점에서 기존의 연금을 6년 이상 가입했거나 연금을 짧은 기간(5년) 동안 수령하고 싶은 가입자의 경우를 가정해보겠습니다. 기존 연금 상품의 모든 조건이 그대로 승계되며, 제도 개편에 따른 장점만 누릴 수 있기 때문에 기존 가입일을 유지하는 구세법 적용 상품 선택하는 것이 좋습니다. 또한 기존 연금저축을 5년 이내 가입한 자 또는 특별 중도해지 시 종합소득세가 고민이 되는 가입자, 즉 기존 연금저축에 납입기간이 짧은 가입자의 경우에는 납입기간 단축의 혜택이 있는 신세법 적용 상품이 유리합니다. 기존 연금저축 적립금이 크고 예상치 못한 사고 등으로 중도해지를 해야 하는 상황에서 종합과세 대상이 되는 경우에는 신세법 적용 상품이 유리합니다.

● 기관별 연금저축계좌의 종류와 특징

구분	연금저축펀드	연금저축신탁	연금저축보험	
취급기관	증권사(펀드판매사)	은행	생명 보험사	손해 보험사
상품	펀드	신탁	보험	
복수상품 선택	가능	불가	불가	
납입방식	자유납 (1만 원 이상, 연간 한도 내 일시금 납입 가능)		정기납(한도 내 추가 납입 가능)	
연금 형태	확정(중도연장가능)		종신, 확정	확정 (~25년)
예금자보호	비대상	대상		
상품성격	실적배당(펀드형)	실적배당(신탁형)	공시이율(변동)	
중도인출	가능(소득공제 받지 않은 원금에 대해 과세 없이 자유롭게 인출 가능)	원금보장의 특성상 자유로운 입출금이 사실상 어려움	납입금액 중도 인출 불가(배타적 사용권 획득한 보험회사의 상품의 경우에는 가능함)	
이율지급 형태	최저보증이율 없음		최저보증이율 있음	
상품의 종류	주식형~채권형 다양	안정형(채권 90%+ 주식 10%), 채권형(채권 100%)	공시이율형 (금리연동), 확정이율형	
기대수익률	저~고	저		
장점	다양한 자산에 투자 가능하고 다른 상품에 비해 기대수익률이 높음	원금보장 및 취급기관인 은행에 대한 신뢰성	원금보장+최저이율 보장을 통한 안정성	

로 가입할 금융회사를 선택할 때 신중해야 합니다.

연금저축계좌는 판매사의 상품에 따라 수수료 구조가 약간 다릅니다. 먼저 은행과 증권사 상품의 경우 연금저축계좌 가입자의 납입금을 운용해 쌓아놓은 적립금에 비례해 수수료를 부과(예: 누적 적립금 대비 1%)하는 구조입니다. 따라서 가입 후 시간의 흐름에 따라 매년 떼어가는 수수료가 증가합니다. 반면 보험사 상품의 경우 처음에 납입하기로 한 금액, 즉 연금보험료에 비례해 수수료를 부과(예: 월 납입보험료 대비 9~15%)하므로 납입기간(예: 10년) 동안 매년 동일한 수수료가 부과됩니다.

증권사에서 가입할 수 있는 연금저축펀드는 주식투자 비중을 선택할 수 있습니다. 주식투자 비중이 높은 주식형 펀드로 가입 시 기대수익률을 높일 수 있으나 변동성이 커져 원금손실 가능성이 있습니다. 보험사에서 가입할 수 있는 연금저축보험은 납입한 보험료에서 사업비를 차감한 금액에 공시이율을 적용해 적립됩니다. 그러므로 계약 초기에는 마이너스(-) 수익률이 발생해 계약해지 시 환급금이 납입금보다 적을 수 있으니 유의해야 합니다.

연금수령 기간을 고려한다면 생명보험사와 손해보험사의 차이점도 분명히 알고 있어야 합니다. 생명보험사의 연금저축보험은 가입자가 연금을 종신으로 수령할 수 있도록 선택할 수 있으나, 손해보험사의 연금저축보험은 최대 25년까지만 기간을 확정하는 확정형 연금수령입니다. 최근에는 손해보험사에서도 종신 수령이 가능하도록 상품을 개정하고 있으니 가입하신 상품을 잘 확인하기를 바랍니다.

납입방식에서 자유납이란 납입하는 금액 및 시기를 자유롭게 결정할 수 있는 방식이고, 정기납이란 일정 기간 동안 정해진 금액을 주기적으로 납입하는 방식입니다. 현재 자신이 가입하고 있는 연금저축 상품의 수익률이 낮다면 중도해지보다는 이전제도를 통해 다른 기관의 연금저축 상품으로 이전하는 것은 좋은 방법입니다.

연금저축 Q&A

Q. 연금저축 상품의 수익률과 수수료를 확인할 수 있는 사이트가 있나요?

금융감독원에서 운영하는 연금저축 통합공시 사이트(fine.fss.or.kr/main/saving/gongsi/pension.jsp)에서 확인할 수 있습니다. '연금저축 통합공시'는 금융업권별(증권·은행·생명보험·손해보험) 연금저축 상품의 수익률, 수수료율, 유지율 등을 분기별로 공시해 연금저축 가입이나 상품의 유지, 관리에 필요한 정보를 제공하고 있습니다. 그뿐만 아니라 각 금융회사에서 판매하는 연금저축 상품의 수익률, 수수료율, 계약유지율, 계좌이체 수수료 등을 확인할 수 있습니다.

이러한 사항은 금융투자협회, 은행연합회, 생명보험협회, 손해보험협회 등을 통해서도 업권별로 확인할 수 있습니다. 또한 금융회사 홈페이지의 상품안내에서도 추가 정보를 확인할 수 있으며, 본인이 가입한 연금저축 상품의 실제 수익률도 해당 금융회사 홈페이지에서 확인할 수 있습니다.

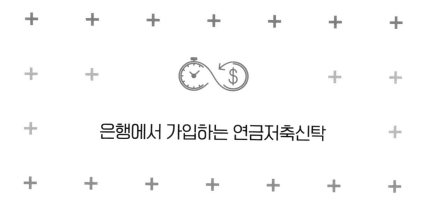

은행에서 가입하는 연금저축신탁

은행에서 가입할 수 있는 연금저축신탁은 확정금리가 아니라 운용실적에 따른 수익을 배당하는 상품이며 원금이 보장됩니다. 연금저축신탁은 채권형과 안정형으로 나눌 수 있습니다. 채권형은 국고채 및 회사채 등 안전한 채권에 투자하고, 안정형은 채권에 90%, 주식에 10% 정도 혼합해 투자합니다.

은행에서 판매하는 상품이다 보니 원금은 보장되지만 그만큼 수익률은 낮습니다. 다만 최근 누적 평균 배당률은 채권형이 2.3%, 안정형이 2.6%로 시중 은행 예금 수익률에 비하면 다소 높은 편입니다. 연금저축신탁의 수익률은 실적 배당형이기 때문에 안정적인 금리를 적용받는 것

● 연금저축신탁

구분	내용
상품 종류	• 연금저축신탁 채권형(주식운용 비율 없음) • 연금저축신탁 안정형(주식운용 10% 이내)
신탁보수	연 0.5%(신탁재산 순자산 평균잔액 기준)
이익계산	기준가격 방식에 의한 실적배당 상품(중도해지 및 만기 후 해지 시에도 동일)
원본보전	신탁계약의 해지, 계좌이체 또는 종료될 때 신탁원본을 보전 (순적립누계액 기준) (단, 소득세법 등 관계법률에 의한 세금에 따라 발생으로 원본손실은 제외)
적립기간	연금수령 개시 신청 전까지
연금지급	• 기간: 가입일로부터 1년이 지나고 만 55세가 되는 때로부터 10년 이상 연 단위 • 주기: 1개월, 3개월, 6개월, 12개월 중 선택 (연금지급 기간과 주기는 연금수령 개시를 신청할 때 지정)
해지 및 일부 인출	• 기준가 적용 및 지급일 −채권형: 신청일에서 제3영업일 기준가격을 적용해 제3영업일 지급 −안정형: 신청일에서 제3영업일 기준가격을 적용해 제4영업일 지급 • 일부 인출 조건 −기간: 연금지급 기간 중 가능 −잔액: 일부 인출 후 납입금액이 1만 원 이상
양도 및 담보 제공	양도 및 담보 제공 불가(단, 본인명의 대출을 위한 담보 제공은 가능)
중도해지 수수료	없음

이 아닌 그때그때의 신탁운용실적에 달라진다는 특징이 있습니다. 또한 신탁운용 수수료가 부과되지만 보험사에서 가입할 수 있는 연금저축보험의 사업비보다는 훨씬 적기 때문에 비용적인 측면에서 연금저축신탁이 상당히 유리합니다.

연금저축 Q&A

Q. 연금저축계좌의 예금자보호에 대해 알려주세요.

예금보험공사를 통해 개인당 5천만 원의 예금자보호를 하는 이유는 소액 예금자의 자산 보호를 위해서입니다. 가입자가 납입한 돈은 납입과 동시에 해당 금융회사의 일반계정으로 편입되어 회사의 자산계정에 머물게 됩니다. 그러나 만약 해당 회사가 부도가 나게 되면 채권자들은 서둘러 돈을 받기 위해 채권을 집행합니다. 이러한 경우 예금자들의 돈을 꺼내가는 피해를 방지하기 위해서 별도의 보호제도를 두고 있는 것이 바로 '예금자보호'입니다. 투자를 할 때 발생할 수 있는 위험을 전혀 떠안고 싶지 않다면 예금자보호를 적용받을 수 있는 금융 상품을 선택하면 됩니다.

하지만 보통 예금자보호를 적용받는 금융 상품들은 위험이 없는 대신 수익률이 다른 상품들에 비해서 상당히 낮습니다. 연금저축보험과 연금저축신탁은 최고 5천만 원까지 예금자보호를 적용받을 수 있지만, 연금저축펀드는 예금자보호를 적용받을 수 없습니다.

연금저축펀드 등 실적배당형 상품의 경우에는 예금자보호 혜택은 없지만 고객의 자산이 회사의 자산 계정이 아닌 가입자의 자산으로 분리되어 신탁계정 또는 분리계정이라는 형태로 별도 보관이 됩니다. 회사의 자산에 포함되지 않으므로 회사의 채권자들은 이에 대한 채권의 집행을 할 수 없습니다. 그렇기 때문에 실적에 따른 손실은 수익자가 부담하지만 거래하는 금융회사의 부도에 대한 책임은 없으므로 자신의 예치금액에 대해 그 평가금액 기준으로 전액 수령할 수 있습니다.

이렇듯 20~30년 뒤를 바라보는 초장기 투자로서는 수익률 부분에서 약간의 아쉬움이 있습니다. 그래서 은행에서도 이제는 연금저축신탁보다는 연금저축보험이나 연금저축펀드를 추천하는 경우가 대부분입니다. 2018년 기준 자료에 따르면 은행에서 가입할 수 있는 연금저축신탁이 전체 연금저축계좌 자산 비중의 16.1%를 차지합니다. 연금저축신탁의 수익률이 낮아 불만이라면 당장 해지하지 말고 다른 상품으로 이전할 수 있는 제도가 있으니 다른 금융기관의 상품으로 갈아타는 것을 고려해보는 것이 좋습니다.

보험사에서 가입하는 연금저축보험

연금저축보험은 보험사에서 가입할 수 있는 연금 상품입니다. 연금저축보험은 연금저축계좌 자산 중 74.1% 비중을 차지하고 있습니다. 대부분의 연금저축보험은 아무리 금리가 낮아지더라도 어느 정도 이율을 보장해주는 최저보증이율을 두고 있어 운용수익률이 지나치게 추락하는 위험을 방지합니다. 최저보증이율은 통상 가입 후 10년 이내에는 1% 전후, 10년 이후부터는 0.75% 전후를 보증합니다. 최근에는 저금리 기조에 따라 최저보증금리 역시 하락했습니다.

연금저축보험은 보통 7년에 걸쳐 사업비를 차감합니다. 만약 7년 전에 해지하거나 연금저축을 다른 기관으로 이동하면 향후 차감할 예정이었던 사업비까지 한꺼번에 차감합니다. 즉 연금저축보험은 빨리 해지할수록 원금손실 위험이 커집니다. 그러나 반대로 생각해보면 사업비 선결제 방식 덕분에 장기투자에는 유리할 수 있습니다. 7년 이후에는 운용 수수료를 제외하면 비용이 거의 발생하지 않기 때문입니다. 그러나 장기적으로 노후 자산을 불려가야 하는 가입자 입장에서는 연금저축보험에서 원하는 수익이 나오지 않으면 증권사로 계좌 이전을 고려해볼 수 있습니다.

연금저축보험은 매월 정해진 납입금액을 일정 기간 동안 꾸준히 납입하는 상품입니다. 갑작스럽게 소득이 사라지는 경우에도 납입을 중단하기 어렵습니다. 매월 납입하는 보험료가 부담된다면 보험사에 문의해 보험료 감액 제도를 이용할 수도 있습니다. 연금저축보험은 2014년 4월 이후에 가입한 상품이라면 1회당 최대 12개월, 최대 3회까지 납입유예가 가능합니다. 만약 납입유예를 따로 신청하지 않고 보험료를 2회 이상 납입하지 않으면 효력이 상실되고 이후 일정 기간(2년) 내에 계약을 부활시키지 않으면 상품의 해지만 가능하다는 점은 연금저축보험의 특징입니다.

연금저축보험은 시장금리와 연동되는 공시이율이 적용됩니다. 따라서 정기예금 수준의 이자를 받을 수 있고, 총납입보험료의 약 1~2%까지 배당을 기대할 수 있습니다. 또한 원금이 보장되며 최대 5천만 원까지 예금자보호도 받을 수 있다는 점도 장점입니다. 하지만 최근에는 저금리 기조로 인해 공시이율이 하락해 적립금이 적어지는 추세입니다. 수수료 측면에서 생명보험사의 연금저축 상품 수수료는 손해보험사보

● 연금저축보험

구분	내용
가입연령	0세~(연금 개시 나이-납입기간)세
가입 한도	• 5년 납: 월 15만~150만 원 이하 • 7년 납: 월 10만~150만 원 이하 • 10~12년 납: 월 7만~150만 원 이하 • 13년 납 이상: 월 5만~150만 원 이하
납입기간	5년, 7년, 10년, 15년, 20년, 전기납(10년 이상)
연금 개시 연령	55~80세
납입주기	• 기본보험료: 월납 • 추가 납입보험료: 수시납
연금 지급 방식 (연금 개시 전까 지 변경 가능)	• 종신연금형: 연금 개시 이후 생존 시까지 연금지급 → 10년, 20년, 30년, 100세 보증부(생명보험사만 종신연금형 지급 선택 가능) • 확정연금형: 연금 개시 이후 일정 기간(5년, 10년, 15년, 20년, 30년) 연금지급
연금수령 방법 (연금 개시 전까 지 변경 가능)	연, 월, 분기, 반기별 수령 가능 → 청약 시 연단위 지급으로 선택하 고, 연금 지급 시점에 수령 방법 결정
납기 변경 불가	5년납, 7년납, 이미 경과된 납입기간으로 변경 시 불가, 10년납 이 상은 상호변경 가능
보험료 선납	당월분 포함 당해 연도에 속하는 12개월분 이하의 기본보험료

다 조금 낮은 편이라고 할 수 있습니다.

연금저축보험에 기본 납입금액을 설정한 뒤 목돈이 생긴 경우에 추가로 납입할 수 있습니다. 이렇게 추가 납입을 할 때는 회사마다 상품마다 다르지만 1~3% 정도의 추가 납입 수수료를 부과합니다. 따라서 상품을 가입할 때는 반드시 사전에 해당 상품의 정확한 수수료를 확인해야 합니다.

Q. 공시이율은 무엇인가요?

납입하는 보험료(납입보험료)는 보험금 지급용으로 분류되는 '위험보험료' 와 보험사의 보험모집 등 영업활동에 쓰는 '비용(사업비)', 그리고 만기환 급 등을 위해 쌓아놓은 '적립금'으로 구분됩니다. 여기서 공시이율은 적립 금에 부과되는 일종의 금리입니다. 일반적으로 시중금리를 반영해 공시이 율이 적용되며, 공시이율이 높을수록 보험고객이 만기에 받는 환급금이나 중도 해약환급금이 커집니다. 상품 가입 후 공시이율이 변경되었다면 가 입 상품의 해약환급금이나 예상 연금액이 달라질 수 있으니 반드시 확인 하기 바랍니다.

| 1 | 연금저축과 연금보험의 차이점

연금저축과 연금보험은 같은 목적을 위해 나온 상품이지만 엄연히 다 른 상품입니다. 우선 판매처가 다릅니다. 연금보험은 생명보험사에서 만 판매합니다. 반면 연금저축은 보험사를 비롯해 은행과 증권사에서 도 판매합니다. 엄밀히 따지면 연금저축은 연금저축신탁(은행), 연금저 축보험(보험), 연금저축펀드(증권)로 나눌 수 있습니다.

그럼에도 연금저축이라고 통일해서 부르는 것은 어느 금융기관에서 가입했느냐에 상관없이 세제 혜택의 요건과 규모가 동일하기 때문입니 다. 연금보험은 5년 이상 납입하고 10년 이상 유지하면 일시금으로 수

● 연금저축 vs. 연금보험

구분	세제 혜택	한도액(원)	제약 조건
연금저축 (세제적격)	최대 16.5% 세액공제	연 400만	5년 이상 납입, 만 55세 이후에 10년 이상 연금으로만 수령 가능
연금보험 (세제비적격)	보험차익 전액 비과세	연 1,800만	10년 이상 유지해야 비과세 적용

● 연금 수급 개시 연령

령하거나 연금으로 수령 시 이자소득세가 비과세됩니다. 반면 연금저축은 5년 이상 납입하고 만 55세 이후 10년 이상 연금 형태로 받으면 연간 납입보험료의 400만 원까지 세액공제를 받을 수 있습니다. 두 상품의 연금의 수령 시기도 다릅니다. 연금보험은 만 45세 이후부터, 연금저축은 만 55세 이후에 수령할 수 있습니다.

| 2 | 연금저축보험의 비용과 수수료

연금저축보험의 비용과 수수료에 대해서 알아보도록 하겠습니다. 노후자금 마련을 위해 저축을 하는 상품임에도 불구하고 보장의 성격과 25년 또는 종신토록 연금을 지급하는 기능 때문에 7~10년 동안 사업비를 차

● 연금저축보험 기본 비용 및 수수료

구분	목적	시기	비용
보험 관계 비용	계약체결 비용	매월	• 7년 이내: 기본보험료의 4.49%(8,980원) • 7년 초과~10년 이내: 기본보험료의 2.29% (4,580원)
	계약관리 비용	매월	기본보험료의 4.8%(9,600원)

※ 기준: 주계약 기본보험료 20만 원, 남자 40세, 60세 연금 개시, 20년납, 월납

감한다는 것이 특징입니다.

　연금저축보험은 가입 후 중도에 해지하는 경우가 상당히 많습니다. 상품에 대한 정확한 이해 없이 자신과 맞지 않은 금액을 설정해 가입했거나 무작정 세액공제 혜택만 받기 위해서 제대로 계획을 세우지 않은 상태에서 가입한 경우가 대부분이기 때문입니다. 또한 상품의 수익률이 만족스럽지 않아 중도에 해지하는 경우도 많습니다.

　이렇게 다양한 이유 때문에 연금저축보험을 해지하게 되면 가입자는 상당한 금전적 손실을 입게 됩니다. 연금저축보험을 해지한다거나 다른 금융기관으로 이관하는 경우에는 가능하면 가입 후 7년 이후에 진행하는 것이 금전적 손실을 최소화할 수 있는 방법입니다.

　만약 해지했을 때의 해지공제 금액과 해지공제 비율은 표로 확인해 보도록 합시다. 해지공제 금액은 해지할 때 적립액에서 공제하는 금액, 해지공제 비율은 이미 납입한 주계약보험료의 합계액 대비 해지공제금액의 비율입니다.

● 연금저축보험의 해지공제액

경과시점	1년	2년	3년	4년	5년	6년	7년 이상
해지공제 금액(만 원)	43	36	29	21	14	7	0
해지공제 비율(%)	17.9	7.4	4.0	2.2	1.2	0.5	0

● 추가비용 및 수수료

구분	목적	시기	비용
연금수령 기간 중 비용	연금수령 기간 중 계약관리 비용	연금수령 시	매회 연금연액의 0.8%
추가 납입 보험료	계약관리 비용	매월	추가 납입보험료 기준금액의 0.015%
		추가 납입 시	추가 납입보험료의 1~3%

연금저축보험은 연금을 수령하는 기간에도 계약관리 비용을 부과합니다. 연금의 기본적인 연금소득세 3.3~5.5%는 기본이며 상품관리와 유지를 위해서 약간의 수수료를 떼어간다는 사실을 인지하고 있어야 합니다. 또한 연금저축보험 상품에 추가 납입을 원하는 경우에는 약 1% 정도의 수수료가 부과된다는 점도 참고해야 합니다.

확정기간 연금형의 경우 연금수령 기간 중 계약관리 비용은 매회 연금연액의 0.5%로 합니다. 추가 납입보험료 기준금액이란 계약의 보험료 및 책임준비금 산출방법서에서 정한 방법에 따라 계산된 금액을 말합니다.

증권사에서 가입하는 연금저축펀드

증권사에서 판매하는 연금저축펀드는 투자자의 성향에 따라 주식형, 채권형, 혼합형 등 다양한 유형의 펀드를 선택할 수 있습니다. 주식 비율이 높은 상품이 많아서 더욱 적극적으로 수익을 추구할 수 있습니다. 그러나 원금보장이 되지 않고 예금자보호를 받을 수 없다는 점이 연금신탁 및 연금보험과의 차이입니다.

연금저축펀드도 결국 펀드입니다. 펀드는 주식이나 채권 등에 투자하는 상품을 말합니다. 수익률이 높은 연금저축펀드 상품을 선택해 투자하면 더 많은 노후 자산을 축적할 수 있지만 그만큼 손실 위험도 존재합니다. 최근 연금저축계좌 간소화가 시행되면서 연금저축보험의 자산이 빠르게 연금저축펀드로 이동하고 있는 것도 높은 수익률을 기대할 수 있기 때문입니다.

연금저축펀드의 경우 계좌 내에 다양한 포트폴리오를 구성할 수 있어 상당히 매력적입니다. 우선 투자 대상이 다양합니다. 주식, 채권, 유동성, 상장지수펀드(ETF) 등 투자 범위가 다양하기 때문에 가입자의 성향과 목표에 맞춰 포트폴리오를 구성할 수 있습니다.

최근에는 연금저축계좌를 통해 ETF에 투자할 수 있게 되면서 증권사별 매매 가능한 ETF 라인업에 관심이 쏠리고 있습니다. ETF 중 레버리지형과 인버스형을 제외하고 매매 가능한 ETF가 2019년 기준 280개가 넘습니다. 연금저축계좌 내에서 다양한 상품군을 선택해 투자할 수 있도록 계속해서 새로운 상품군이 계속 추가되고 있는 점 또한 연금저축펀드의 장점입니다.

연금저축 Q&A

Q. ETF가 무엇인가요?

ETF(Exchange Traded Fund)는 말 그대로 인덱스펀드를 거래소에 상장시켜 투자자들이 주식처럼 편리하게 거래할 수 있도록 만든 투자 상품입니다. 투자자들이 주식을 고르는 수고를 하지 않아도 되는 펀드의 장점과, 언제든지 시장에서 원하는 가격에 매매할 수 있는 주식투자의 장점을 가지고 있습니다.

● 해외 펀드 과세 기준(일반펀드계좌 vs. 연금저축계좌)

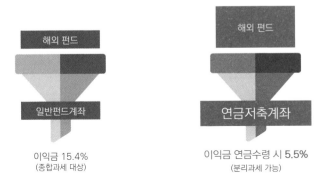

이익금 15.4%
(종합과세 대상)

이익금 연금수령 시 5.5%
(분리과세 가능)

※ 연금수령: 5년 이상 가입 및 55세 이후 10년간 분할 수령

연금저축보험은 사업비를 조기에 집중적으로 떼고 7년 후에는 거의 떼지 않지만, 연금저축펀드는 투자 금액의 0.4~1.7% 정도의 보수를 매년 부과합니다. 펀드에 장기 투자할수록 투자자산은 더욱 커지고 보수도 자연스럽게 커집니다. 즉 비용의 절대 크기는 매년 증가한다는 의미입니다. 따라서 연금저축펀드에 투자한다면 초장기 투자 시 운용 수수료가 저렴한 회사의 상품을 선택하는 것도 상당히 중요합니다.

연금저축펀드는 계좌 내에서 펀드를 환매할 때 별도의 환매 수수료가 없어 원하는 상품으로 투자 대상을 바꾸기가 매우 쉽습니다. 게다가 연금저축펀드는 연금저축보험과 달리 납입이 상당히 자유롭습니다. 매월 1만 원씩 납입해도 되고 돈이 없으면 납입하지 않아도 아무런 상관이 없습니다.

갑자기 연말에 목돈이 생겼다면 언제든지 연금저축펀드에 추가로 납입할 수 있습니다. 연금저축계좌에 납입할 수 있는 연 1,800만 원 한도 내에서 분기별 제약조건 없이 마음껏 납입이 가능하다는 점은 특징입니다. 또한 다양한 해외투자 펀드 및 과세대상 펀드를 저율과세로 투자할 수 있으며 불입액 중 세액공제를 받지 않은 금액한도 내에서는 불이익 없이 언제든지 찾을 수 있는 인출 기능이 있습니다. 즉 연금저축펀드는 노후 자금을 쌓아가고 불려가고 인출하는 데 최적화되어 있다고 볼 수 있습니다.

연금저축으로 절세하고
노후 자금을 키워라

세액공제를 받으면서 연금을 동시에 준비할 수 있다는 연금저축에 관심이 많은, 직장생활을 시작한 지 2년 된 사회초년생입니다. 연금저축 상품에 연간 400만 원을 불입하면 66만 원을 돌려받는 것은 알겠는데, 구체적으로 어떤 과정을 통해 세액공제 계산이 이루어지는지에 대해 궁금합니다. 그리고 저희 부모님은 자영업을 하셔서 종합소득세 신고를 하시는데 자영업자의 경우도 같은 절차로 세액공제가 이루어지는지 알고 싶습니다. 마지막으로 55세 때부터 연금으로 받을 수 있다고 하는데 연금수령은 어떻게 하는 게 유리한지, 연금수령 시 발생되는 세금이 있는지도 알려주세요.

29세 직장인 이승미 님의 사례

직장인 이승미 님은 자식들에게 부담이 되기 싫다며 노후 준비를 열심히 하고 있는 부모님을 보면서 본인도 편안한 노후를 위해 직장생활을 시작하자마자 연금 상품에 대해 알아보았습니다. 그중 연금 준비도 가능하면서 세액공제를 통해 환급금도 돌려받을 수 있는 연금저축에 대해 알게 되었고 작년부터 불입을 시작했습니다. 인사팀에서 일하고 있는 이승미 님은 세금 계산이 어떻게 이루어지는지 궁금하다며 문의했습니다.

연금저축에 가입한 모든 사람들이 연금저축의 세금계산 구조를 정확히 이해할 필요는 없지만 구조를 이해하고 있다면 자신의 소득에 맞는 납입금액을 결정하거나 연금수령 시기와 방법 등 조금 더 자신의 상황에 적합한 선택을 할 수 있을 것입니다.

연금저축은 세액공제 혜택과 더불어 과세이연 효과도 있습니다. 모든 금융 상품은 만기되었거나 결산 시점 등에 세금이 부과되지만, 연금저축은 연금을 수령할 때까지 세금을 부과하지 않습니다. 그 기간 동안 세금으로 납부해야 하는 돈이 재투자되어 투자원금을 늘릴 수 있기 때문에 장기간에 걸쳐 투자수익이 늘어나는 효과가 있습니다.

연금저축은 세제 혜택도 있지만 결국에는 연금재원을 꾸준하게 적립하는 금융 상품입니다. 따라서 언제, 어떻게, 어떤 형식으로 연금을 수령할지에 대한 전략도 필요합니다. 또한 연간 연금수령액에 따라 세금 부담에 대한 내용이 달라지기 때문에 연금저축의 세액공제 계산 절차에 대해 이해하고 있다면 절세 효과를 극대화시킬 수 있습니다. 이번 장에서는 연금저축의 세액공제 계산 절차와 세액공제를 최대로 받을 수 있는 방법, 과세이연 효과, 연금저축 수령 방법 등에 대해 알아보도록 하겠습니다.

절세가 곧 수익이다

대한민국은 세계적으로도 유래를 찾아보기 힘들 정도로 급속한 인구 고령화를 경험하고 있고, 노인빈곤율은 무려 50% 수준으로 경제협력개발기구(OECD) 국가 중에서 가장 높습니다. 대한민국의 저출산과 고령화 문제는 앞으로 점점 더 심각해질 전망입니다. 늘어나는 노인 인구를 오랫동안 부양하고 벼랑 끝에 몰린 출산율을 높이기 위해서는 국가의 다양한 복지정책들이 강력하게 실행되어야 하는데, 이를 위해서는 필수적으로 많은 세금이 필요합니다. 대한민국이 선진국을 향해 갈수록 세금 부담은 높아질 수밖에 없다는 결론입니다.

그렇다면 가만히 있다가 계속 증가하는 세금을 착실하게 내기만 하는 것이 좋은 것일까요? 한 나라의 국민으로서 나라에 존재하는 각종 재화와 용역을 이용하려면 당연히 세금을 납부해야 합니다. 하지만 일부러 세금을 더 낼 필요는 없습니다. 세금을 효과적으로 줄이는 금융 상품이 있다면 적극적으로 활용할 필요가 있습니다. 탈세보다는 절세가 우선입니다. 법철학자 빌링스 러니드 핸드는 "누구나 자신의 세금을 최소화할 수 있도록 일상생활에서 일어나는 일들을 조정할 권리가 있다. 아무도 정부에 필요한 세금을 채워줘야 할 의무는 없다. 세금을 자진해서 더 많이 내는 애국심을 발휘할 필요는 더욱 없다"라고 말했습니다.

경제활동을 하는 대부분의 사람들은 자산을 효율적으로 관리해 안정적인 노후라는 목표를 향해 달려갑니다. 목표를 달성하기 위해 어쩔 수 없이 시간과 노력, 그리고 비용을 지불합니다. 따라서 금융 상품을 통해 조금 더 높은 수익을 기대하는 것과 최대한 세금을 줄이려는 노력은 어쩌면 당연한 일입니다. 투자를 할 때 선택의 결과가 틀릴 수도 있고 상황에 따라 현재의 정답이 미래에는 틀린 답이 될 수도 있습니다. 하지만 세금은 다릅니다. 투자가 미적분 같은 어려운 수학의 영역이라면 세금은 더하기 빼기와 같은 간단하고 쉬운 산수의 영역이기 때문입니다.

자, 이제 연금저축 절세방법에 대해서 알아보도록 하겠습니다. 지금까지 연금저축 상품 가입을 미뤄왔거나 또는 가입해 있지만 정확히 세제 혜택에 대해 모르고 있었다면 이번 글을 잘 읽어보길 바랍니다. 예를 들어 연봉 5천만 원 이하의 직장인 나형수 님의 상황을 살펴보겠습니다. 은행에서 가입할 수 있는 정기예금 상품과 연금저축 상품을 세금 측면만 비교해서 어떤 것이 유리할까요? 정기예금으로 돈을 모으는 것보다 연금저축 상품에 가입해서 노후 준비를 하는 것이 유리합니다.

나형수 님의 재무현황

나이: 30세 소득: 총급여 5천만 원(근로소득만 있음)

납입기간: 25년 납입금액: 매년 400만 원

운용수익률: 연 3% 가정(연말정산 환급액 재투자수익률은 무시)

나형수 님이 노후를 위해 연금저축에 납입하는 방법과 정기예금에 납입하는 경우를 비교했습니다. 먼저 정기예금은 연말정산 절세 혜택이 없습니다. 즉 세금을 환급받을 수 없습니다. 이에 비해 연금저축은 연말정산 시 환급을 받을 수 있습니다. 나형수 님이 매년 400만 원을 납입한다고 하면 세액공제를 통해 얼마를 환급받을 수 있을까요?

다음 표를 보면 알 수 있습니다. 정리하자면 나형수 님은 25년간 세제 혜택으로 무려 1,650만 원을 받을 수 있습니다. 노후 자금을 적립하는 단계에서는 연금저축이 세액공제 효과가 있어서 유리합니다.

● 적립 단계 연금저축 vs. 정기예금

연금저축	정기예금
연말정산 환급(세액공제) 총 납입액 1억 원＝400만 원×25년 매년 세액공제 통해 세금환급액 66만 원＝400×0.165 25년간 세금환급 1,650만 원＝66만 원×25년	연말정산 절세 혜택(세금환급) 없음

다음은 운용 단계입니다. 연금저축의 과세이연 효과를 적용해 세금 납부 시점을 연금수령 시점으로 미뤄 투자수익률을 높입니다. 연금저축의 경우 매년 3% 수익을 가정하고, 정기예금의 경우 매년 15.4%의 이자소득세를 계산해 비교했습니다.

연금저축의 경우 납입 과정에서는 세금을 떼지 않고 과세이연을 하기 때문에 투자할 수 있는 원금이 계속 늘어나는 구조입니다. 따라서 400만 원으로 적립을 시작했다고 하더라도 1년차에는 3% 수익이 났기 때문에 412만 원이 되고, 2년차에는 412만 원의 3%를 계산해 424만 원이 됩니다. 이렇게 세금을 떼지 않고 계속 복리로 투자가 되기 때문에 납입이 끝나는 시점까지 꾸준하게 복리 투자가 가능합니다.

그러나 정기예금의 경우 매년 15.4%의 이자소득세를 바로 제외하기 때문에 투자원금이 줄어들고 연금저축과 비교해서 상당히 불리합니다. 따라서 납입기간이 길어질수록 연금저축의 과세이연 효과는 더욱 돋보입니다.

● 운용 단계 연금저축 vs. 정기예금

구분	연금저축	정기예금	차이
시작	400만 원	400만 원	0원
1년차	412만 원=400×1.03	410만 원= 400×(1+0.03×0.846)	2만 원
2년차	424만 원=400×1.03^2	420만 원= 400×(1+0.03×0.846)^2	4만 원
3년차	437만 원=400×1.03^3	431만 원= 400×(1+0.03×0.846)^3	6만 원
25년차	837만 원 =400×1.03^25	748만 원= 400×(1+0.03×0.846)^25	89만 원

연금저축의 세액공제 계산절차 이해하기

연금저축에 적용되는 세금 구조를 정확하게 이해하고 있다면 자신에게 맞는 절세 방법을 적용해 효과를 극대화할 수 있습니다. 또한 자신의 상황에 맞는 적절한 납입금액을 설정할 수 있고 효과적인 적립 방법을 선택할 수 있습니다. 결국 연금저축의 기능 중 중도인출, 해지, 연금수령 시에도 자신에게 가장 유리한 방법을 선택할 수 있습니다. 먼저 세액공제의 프로세스에 대해서 알아보도록 하겠습니다.

| 1 | 근로소득자의 세액공제

● [표 I] 근로소득만 있는 경우 세금계산 구조(연말정산 절차)

총급여	= 연간 근로소득 − 비과세소득 • 연간 근로소득: 고용 관계 등에 의해 근로를 제공하고 받는 모든 대가, 연봉과 비슷한 개념 • 주요 비과세소득: 일직비, 숙직비, 여비 등 월 20만 원 이내의 취재수당과 벽지수당, 연구보조비, 제복 및 작업복 구입비, 월 10만 원 이내의 식비, 월 10만 원 이내의 자녀보육수당, 일정 요건의 본인학자금, 근로장학금 등
근로소득공제	• 총급여액이 근로소득공제 계산금액에 미달하는 경우에는 총급여액을 한도로 공제
근로소득금액	= 총급여액−근로소득공제
소득공제	• 인적공제: 기본공제 인당 150만 원, 추가공제 항목당 50만·100만·200만 원 • 연금보험공제: 국민연금, 공무원연금, 군인연금, 사학연금, 별정우체국연금 • 특별소득공제: 보험료(국민건강보험, 고용보험, 노인장기요양보험), 주택임차입금원리금상환액, 장기주택저당차입금 이자상환액) • 그 밖의 소득공제: 주택마련저축, 신용카드 등 사용금액 소득공제, 고용유지중소기업근로자공제 등 소득공제종합한도(특별소득공제(보험료 제외)와 그 밖의 소득공제 중 종합한도대상 공제금액의 합계액이 2,500만 원을 초과하는 경우 초과금액은 없는 것으로 함)
종합소득과세표준	= 근로소득금액−소득공제 종합소득 과세표준 = 근로소득금액−인적 공제−연금보험료공제−특별소득공제−그 밖의 소득공제+소득공제종합한도초과액
기본세율	• 일용근로자 소득세율: 일용근로소득금액×6% • 기본세율의 10%인 지방소득세 별도 부과
산출세액	= 종합소득과세표준×기본세율

다음 페이지로 이어짐 →

세액공제 및 감면	• 세액감면
	• 근로소득세액공제
	• 자녀세액공제
	• **연금계좌세액공제**
	   – 퇴직연금: 확정기여형 퇴직연금(DC형), 개인형 퇴직연금계좌
	      (IRP)에 납입한 금액,
	   – 연금저축: 연금저축계좌에 납입한 금액, 과학기술인공제: 과학
	      기술인공제회법에 따른 퇴직연금계좌에 납입한 금액)
	• 특별세액공제(보험료(보장성보험), 의료비, 교육비, 기부금, 표준세액공제)
	• 월세액공제
	• 그 밖의 세액공제

결정세액	=산출세액−세액공제 및 감면
기납부세액	=주(현)근무지에서 원천징수한 세액+종(전)근무지의 결정세액
추가납부 (환급)세액	=결정세액−기납부세액

　　근로소득만 있는 사람은 [표 1]과 같이 세금을 계산하고 연초가 되면
전년도 세금에 대한 연말정산을 통해 세금을 환급해주거나 오히려 세금
을 더 내라고 추징합니다. 연말정산이 직장인의 '13월의 보너스'가 되느
냐 '세금 폭탄'이 되느냐는 바로 이러한 계산 과정에 따라 결정됩니다.
연금저축에 납입한 금액은 [표 1]에서 세액공제 항목 중 '연금계좌세액
공제'에 해당됩니다. 따라서 연금저축에 가입하고 납입하면 당해 연도
에 납입한 금액에 따라 내야 될 세금을 합법적으로 줄일 수 있습니다.

　　대부분의 직장인이 연금저축계좌에 납입한 금액이 어떠한 절차로 연
말정산 시 세액공제가 적용되는지 궁금해합니다. 근로소득공제부터 전
체 과정을 직장인 박영재 님의 사례로 살펴보도록 하겠습니다. 연간 총
급여 6,120만 원, 연간 비과세소득(식대) 120만 원, 소득공제 1천만 원,

● 근로소득공제율

총급여액	공제액
500만 원 이하	총급여액의 70%
500만 원 초과 1,500만 원 이하	350만 원+500만 원 초과액의 40%
1,500만 원 초과 4,500만 원 이하	750만 원+1,500만 원 초과액의 15%
4,500만 원 초과 1억 원 이하	1,200만 원+4,500만 원 초과액의 5%
1억 원 초과	1,475만 원+1억 원 초과액의 2%

연금저축을 제외한 세액공제 및 감면 300만 원, 연간 연금저축 납입금액 200만 원, 원천징수로 기납부한 세액 200만 원, 근로소득 외에 다른 소득은 없다는 자료를 기초로 계산해보겠습니다.

박영재 님의 상황에서 근로소득공제를 적용해 최종 납부해야 하는 세금은 다음과 같습니다.

직장인 박영재 님의 연말정산 환급세액 계산법

근로소득(6,000만 원)=

    연간 총급여(6,120만 원)−비과세소득(120만 원)

근로소득공제(1,275만 원)=

    1,200만 원+(6,000만 원−4,500만 원)×5%

근로소득금액(4,725만 원)=

    총급여(6,000만 원)−근로소득공제(1,275만 원)

종합소득과세표준(3,725만 원)=

근로소득금액(4,725만 원)-소득공제(1,000만 원)

산출세액(450.75만 원)=

종합소득과세표준(3,725만 원)×15%-누진공제(108만 원)

결정세액(126.75만 원)=산출세액(450.75만 원)-연금저축 제외한 세
   액공제 및 감면(300만 원)-연간 연금저축 납입금액으로 인한 세액
   공제(24만 원=200×0.12)

환급세액(73.25만 원)=결정세액(126.75만 원)-기납부세액(200만 원)

연금저축 Q&A

Q. 근로소득과 근로소득금액의 차이를 알려주세요.

근로소득과 근로소득금액은 용어가 비슷하지만 세무적으로 큰 차이가 있습니다. 근로소득은 총급여에서 비과세수입을 뺀 금액이고, 근로소득금액은 근로소득에서 근로소득공제를 뺀 금액을 말합니다.

근로소득 = 총급여 - 비과세수입
근로소득금액 = 근로소득 - 근로소득공제

소득금액 관련 용어도 함께 정리해보겠습니다. 금융소득이 연간 2천만 원을 초과해 종합소득에 합산되면 금융소득금액, 사업소득에서 필요경비를 빼면 사업소득금액, 연금소득 중 연금소득공제를 빼면 연금소득금액, 기타소득 필요경비를 빼면 기타소득금액이라고 합니다.

박영재 님의 연금저축계좌 납입 절세 효과를 살펴보겠습니다. 우선 연간 근로소득이 6,120만 원인 박영재 님은 총급여가 5,500만 원을 넘기 때문에 연금저축 불입금액의 12%(총급여 5,500만 원 이하는 15%, 지방소득세 포함 시 13.2%)를 세액공제 받을 수 있습니다. 만약 연금저축에 200만 원을 불입하지 않았다면 세액공제로 연금저축납입액 '200만 원×12%'인 24만 원(지방소득세 별도)의 세금을 줄이지 못해서 연말정산 시 73.25만 원이 아닌 49.25만 원만 환급받게 됐을 것입니다. 연금저축에 200만 원이 아닌 400만 원을 납입했다면 48만 원(48만 원×0.1=4.8만 원, 지방소득세 별도 환급 가능)의 세금을 줄일 수 있습니다.

이러한 이유로 많은 근로자들이 연금저축을 가입하고 있고 가능한 연간 세액공제 혜택을 받을 수 있는 최대 금액인 연간 400만 원을 납입하려 하는 것입니다. 세금도 줄이고 노후 자금도 쌓는 가장 좋은 방법이 연금저축에 가입하고 납입해 세액공제를 적용받는 것입니다.

근로소득자의 대부분은 근로소득공제 부분을 고려하지 못하고 연금저축이나 각종 소득공제 및 세액공제 상품의 절세 효과에 대해 착각할 때가 많습니다. 예를 들어 총급여가 5천만 원일 때 비과세수입과 근로소득공제 부분을 고려하지 않고 그냥 세율표만 보고 4,600만~8,800만 원 구간인 누진세율 24% 곱해서 세금이 계산된다고 생각하는 경우입니다. 하지만 자세히 살펴보아야 합니다. 총급여가 5천만 원이라고 하더라도 여러 가지 공제를 받고 나면 실제 부담하는 세금은 상당히 줄어들게 됩니다.

예를 들어 총급여 5천만 원인 경우 근로소득공제율표로 적용할 금액

과세표준 구간	세율	누진공제율
1,200만 원 이하	6%	–
4,600만 원 이하	15%	108만 원
8,800만 원 이하	24%	522만 원
1억 5천만 원 이하	35%	1,490만 원
3억 원 이하	38%	1,940만 원
5억 원 이하	40%	2,540만 원
5억 원 초과	42%	3,540만 원

을 구해보면 1,225만 원이 됩니다. 계산하는 방법은 다음과 같습니다. 총급여 5천만 원은 근로소득공제 구간 4,500만 원 초과~1억 원 이하에 해당해 '1,200만 원+(5천만 원-4,500만 원)×0.5'로 계산할 수 있습니다. 따라서 총급여 5천만 원에서 근로소득공제 1,225만 원을 차감한 근로소득금액은 3,775만 원이 됩니다.

총급여가 5천만 원인 근로자가 전업주부인 배우자와 자녀 2명과 살고 있다고 가정하겠습니다. 이러한 경우에는 인적공제만 해도 600만 원(4명(부부, 자녀 둘)×150만)이 적용됩니다. 여기에 다른 소득공제, 세액공제, 국민연금, 건강보험료 납입 부분 등을 빼면 최종 세율을 곱하는 기준이 되는 과세표준은 2천만 원대 초반 정도 또는 그 이하까지 내려갈 수 있습니다. 따라서 적용세율은 보통 24% 구간이 아닌 15~6% 구간에 해당하게 됩니다.

근로소득공제, 소득공제, 세액공제를 통해 얻어진 최종 산출세액을 알게 되면 실제로 절세 효과로 아낄 수 있는 금액을 확인해볼 수 있습니다. 꼼꼼하게 따져봤는데 실제로 부담하는 세금이 얼마 없다면 굳이 세액공제만을 위해 연금저축에 많은 돈을 낼 필요는 없기 때문입니다. 절세도 좋지만 자신의 현재 상황을 정확하게 파악하는 진단이 가장 우선시되어야 하는 이유입니다.

| 2 | 자영업자의 세액공제

종합소득자의 세금계산구조(일반적인 자영업자 또는 겸업 소득자)에 대해서도 알아보도록 하겠습니다. 근로소득뿐 아니라 다른 소득까지 있는 사람은 계산식이 조금 복잡합니다. 세법상 개인은 일정 조건에 부합되는 연간 발생하는 모든 소득을 합산해서 세금을 계산하도록 되어 있습니다. 근로소득만 있는 사람은 회사에서 세무 관련 업무를 도와주기 때문에 연말정산을 할 때 서류만 빠뜨리지 않고 제출하면 별로 신경을 쓸 일이 없습니다. 그러나 근로소득 외에 다른 소득이 있는 사람이라면 종합소득세 신고를 직접 해야 하기 때문에 번거롭습니다.

여기서 말하는 근로소득 외의 다른 소득이란 일정 금액 이상의 금융소득, 자영업으로 얻는 사업소득, 연금소득, 비정기적인 강의·복권 수입·원고료·미술품 매매 등으로 얻는 기타소득을 말합니다. 근로소득 외에 다른 소득이 있는 사람은 종합소득세 신고 및 정산을 위해서 다음 해 5월에 별도로 신고해야 합니다.

● [표 2] 종합소득세 계산구조

각 소득	금융소득금액=연간 이자, 배당소득이 연간 2천만 원 초과할 경우 합산(2천만 원까지는 15.4%(지방소득세 포함) 분리과세로 종결) 사업소득금액=연간사업소득-각종 필요경비 근로소득금액=연간근로소득-비과세소득-근로소득공제 연금소득금액=연간연금소득-연금소득공제 기타소득금액=연간기타소득 중 80%를 경비로 차감하고 300만 원 초과될 때 합산
종합소득금액	=이자, 배당소득금액+사업소득금액+근로소득금액+연금소득금액
소득공제	• 인적 공제(기본공제 인당 150만 원, 추가공제 항목당 50만,100만,200만 원) • 연금보험공제(국민연금, 공무원연금, 군인연금, 사학연금, 별정우체국연금) • 특별소득공제(보험료(국민건강보험, 고용보험, 노인장기요양보험), 주택임차차입금원리금상환액, 장기주택저당차입금 이자상환액) • 그 밖의 소득공제(주택마련저축, 신용카드 등 사용금액 소득공제, 고용유지 중소기업 근로자 공제 등) • 소득공제종합한도(특별소득공제(보험료제외)와 그 밖의 소득공제 중 종합한도대상 공제금액의 합계액이 2,500만 원을 초과하는 경우 초과금액은 없는 것으로 함) *보험료를 제외한 특별소득공제는 근로소득자만 적용 가능
종합소득 과세표준	=근로소득금액-인적 공제-연금보험료공제-특별소득공제-그 밖의 소득공제+소득공제종합한도초과액
기본세율	과세표준 기본세율 참고
산출세액	=종합소득과세표준×기본세율
세액공제 및 감면	• 세액감면 • 근로소득세액공제 • 자녀세액공제 • 연금계좌세액공제 • 특별세액공제(보험료(보장성보험), 의료비, 교육비, 기부금, 표준세액공제) • 월세액공제 • 그 밖의 세액공제 *특별세액공제는 근로소득자만 적용가능
결정세액	=산출세액-세액공제 및 감면
기납부세액	=주(현)근무지에서 원천징수 한 세액+종(전)근무지의 결정세액
추가납부 (환급)세액	=결정세액-기납부세액

다음 [표 2]를 보면 근로소득만 있는 사람들의 세금계산 구조 [표 1]과 거의 비슷합니다. 다른 점은 [표 1]에서는 소득공제를 하는 기준금액이 근로소득금액인 데 반해, 자영업자의 경우 근로소득금액에 다른 소득금액들을 합해 종합소득금액을 기준으로 소득공제를 하기 때문에 합산되는 금액이 다릅니다. 또한 근로소득자가 아니라면 연금보험료를 제외한 특별소득공제와 특별세액공제를 못 받는다는 차이가 있습니다. 그러나 나머지는 항목은 모두 동일하다고 할 수 있습니다.

자영업자 이덕진 님의 사례로 종합소득세 신고 시 납입한 연금저축 납입한 부분이 어떻게 계산되는지 알아보도록 하겠습니다. 자영업을 하고 있는 이덕진 님의 상황은 다음과 같습니다. 연간 이자·배당소득 2,500만 원, 연간 사업소득 8천만 원, 연간 사업 필요경비 3천만 원, 연간 기타소득 1천만 원, 소득공제 1천만 원, 연금저축을 제외한 세액공제 및 감면 300만 원, 연간 연금저축 납입금액 400만 원, 원천징수로 기납부한 세액 500만 원 이외에 다른 소득은 없습니다. 자영업자의 종합소득세 신고 후 환급세액을 계산하는 방법은 다음과 같습니다.

자영업자 이덕진 님의 종합소득세 환급세액 계산법

금융소득금액(500만 원)=2,500만 원-2천만 원

   (연간 2천만 원 초과 시에만 합산)

사업소득금액(5천만 원)=연간 사업소득(8천만 원)-필요경비(3천만 원)

기타소득금액(400만 원)=연간 기타소득(1천만 원)×(1-60%)

   (연간 300만 원까지 분리과세 가능)

종합소득금액(5,900만 원)＝금융소득금액(500만 원)＋사업소득금액

　　(5천만 원)＋기타소득금액(400만 원)

종합소득과세표준(4,900만 원)＝종합소득금액(5,900만 원)－소득공제

　　(1천만 원)

산출세액(654만 원)＝종합소득과세표준(4,900만 원)×24%-누진공제

　　(522만 원)

결정세액(306만 원)＝산출세액(654만 원)-연금저축을 제외한 세액공

　　제 및 감면(300만 원)-연간 연금저축 납입금액으로 인한 세액공제

　　(48만 원＝400만×0.12)

환급세액(194만 원)＝결정세액(306만 원)-기납부세액(500만 원)

앞에서 사례로 살펴본 직장인 박영재 님에 비해 자영업자인 이덕진 님의 세금 계산이 다소 복잡해 보입니다. 종합소득에 합산되는 금융소득, 사업소득, 기타소득이 있기 때문입니다. 이외에 근로소득과 연금소득이 있다면 그 소득까지도 합산해서 계산해야 합니다. 근로소득 외에 다른 소득이 있다면 다음 해 5월에 종합소득세 신고 납부를 별도로 해야 합니다.

　이덕진 님은 사업소득 외에도 금융소득, 기타소득까지 일정 금액 이상이기 때문에 모든 소득을 합산해서 세금을 계산했습니다. 이덕진 님은 연금저축 400만 원을 납입했기 때문에 48만 원(지방소득세 별도 환급 가능)의 세금을 절약할 수 있습니다. 연금저축이 아닌 일반적인 금융 상품(정기예금 등)에 저축했다면 48만 원의 세금을 추가로 납부해야 합니

다. 결국 세액공제를 받을 수 있는 연금저축 상품에 가입했기 때문에 세금을 줄일 수 있었습니다.

카드결제 증가와 현금영수증제도로 인해 자영업자들의 소득도 근로자들처럼 유리지갑화 되고 있습니다. 근로소득자들은 물론이고 세금 부담이 큰 자영업자와 종합소득대상자 모두 절세를 위해 연금저축에 관심을 가져야 합니다. 또한 연금저축은 절세와 노후 준비라는 두 마리 토끼를 잡을 수 있는 상품이기에 자영업자도 꾸준히 불입하고 절세 혜택을 누릴 수 있도록 해야 합니다.

종합소득에 대한 세율은 소득이 많을수록 높은 세율을 적용하는 누진세율을 사용하기 때문에 소득공제는 상대적으로 수입이 많은 사람에

연금저축 Q&A

Q. 세액공제와 소득공제의 차이를 알려주세요.

소득공제는 종합소득세를 계산하기 위해 누진세율(소득이 많을수록 높은 세율을 적용)을 곱하기 전 종합소득과세표준에서 공제해주는 것을 말합니다. 반면 세액공제는 종합소득과세표준에 누진세율을 곱하고 난 뒤 산출된 세액에서 빼주는 것을 말합니다.

소득공제와 세액공제는 둘 다 세금을 줄여준다는 점에서 비슷하지만 적용되는 사람의 소득 차이에 따라 절세 효과가 달라지게 됩니다. 연말정산 흐름도에서 확인할 수 있듯이 세액공제가 많다면 그만큼 세금이 줄어들게 됩니다. 연금저축은 2014년 이전에는 소득공제 항목에 해당되었지만 2014년 이후에는 세액공제 항목으로 변경되었습니다.

게 유리하고, 세액공제는 수입이 적은 사람에게 유리하다고 할 수 있습니다. 예를 들어 총수입이 8천만 원이고 각종 공제를 통해 종합소득 과세표준이 6천만 원인 사람이 연간 100만 원을 연금저축에 불입했다가 2014년 이전 기준으로 소득공제를 받았다면 누진세율을 적용받게 되는 과세표준이 5,900만 원으로 줄어들게 됩니다. 이렇게 되면 차액 100만 원에 대해 24%(지방소득세 별도)에 해당하는 24만 원의 세금이 줄어들게 됩니다. 하지만 같은 사람이 2014년 이후 세법을 적용해 불입금 100만 원에 대해 세액공제 12%(지방소득세 별도)를 받는다면 줄어드는 세금은 12만 원이 됩니다. 전체적으로 12만 원 정도 세금이 더 늘어나게 됩니다.

반면 총수입이 2천만 원이고 각종 공제를 통해 종합소득과세표준이 1천만 원인 사람이 연금저축에 100만 원을 냈다고 가정해보겠습니다. 2014년 이전에는 줄어드는 세금이 6만 원이었다면 2014년 이후 세액공제를 적용받았다면 15만 원으로 절세 효과가 늘어나게 됩니다.

연금저축으로 세액공제 최대로 받는 방법

지금까지 연금저축의 장점과 특징들에 대해 살펴보았습니다. 다음 단계로 얼마를 어떻게 불입해야 연금저축의 세액공제 효과를 최대로 누릴 수 있을지, 개인퇴직연금계좌 IRP와 연금저축을 활용해 세액공제를 추가로 받을 수 있는 방법에 대해 알아보도록 하겠습니다.

| 1 | 상황에 맞게 불입해 세액공제 받기

연금저축을 통해 세액공제를 최대로 받기 위해서는 연간 세액공제를 받을 수 있는 최고 납입한도액인 400만 원까지 맞춰서 납입하는 것이

● 연금계좌 세액공제

세액공제 대상 연금계좌	• 연 700만 원 한도(DC본인부담, IRP, 연금저축합산) • 연금저축계좌 단독으로 최대 400만 원 세액공제 가능 • 단, 총급여액 1억 2천만 원 또는 종합소득금액 1억 원 초과자는 300만 원 한도로 공제
세액공제율	• 세액공제대상액의13.2%(지방소득세 포함) • 단, 16.5%(지방소득세 포함)(총급여액이 5,500만 원 이하 또는 종합소득금액 4천만 원 이하인 자(소득세법 개정 시행 2015.5.13)

좋습니다. 세액공제한도인 400만 원을 12개월로 나누면 33만 3천 원입니다. 그래서 보통 매월 34만 원을 자동이체로 납입하는 경우가 대부분입니다.

　매월 34만 원을 납입하는 것이 조금 부담스럽다면 자유적립식 형태로 가입하거나 매월 납입금액은 5만 원이나 10만 원처럼 부담 없는 금액으로 설정해 납입합니다. 그리고 연말에 보너스나 성과금을 받았을 때 납입한도액에 모자란 금액을 당해 연도 12월 31일이 되기 전까지 추가 납입하는 방법을 이용할 수도 있습니다.

　맞벌이 부부가 둘 다 연금저축을 가입했다면 소득이 적은 사람에게 먼저 불입하는 것이 유리합니다. 연금저축은 총급여 5,500만 원 이하이거나 종합소득 4천만 원 이하인 사람에게는 16.5%의 세액공제를 해주지만, 그보다 수입이 많은 경우 13.2%의 세액공제율을 적용합니다. 같은 100만 원을 납입하더라도 3만 3천 원의 환급액 차이가 발생하게 됩니다. 연금저축의 세액공제 혜택만 고려했을 때 소득이 적은 사람 쪽으로 연금저축을 먼저 납입해주는 것이 유리합니다.

| 2 | 세액공제한도를 모두 채웠다면 IRP에 납입하기

연금저축계좌의 연간 납입한도는 1,800만 원이지만 그중 세액공제가 가능한 최대 금액은 연간 400만 원입니다. 400만 원을 초과해서 더 많은 금액을 세액공제 받으려면 개인형퇴직연금계좌(이하 IRP)를 가입해 활용하면 됩니다. IRP는 연금저축 납입금액을 포함해서 최대 700만 원까지 세액공제가 가능하기 때문입니다.

우선 연금저축계좌에 400만 원 한도로 납입합니다. 추가로 납입이 가능한 상황이라면 IRP에 300만 원을 추가로 납입합니다. 그러나 연금저축납입액과 IRP납입액에 따라서 세액공제한도가 달라진다는 점을 확인해야 합니다.

상황별 세액공제한도 금액을 보면 연금저축을 통해 단독으로 세액공

● 연금계좌 세액공제한도

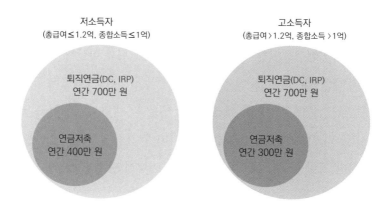

3장 연금저축으로 절세하고 노후 자금을 키워라

연금저축납입액	IRP납입액	합산 세액공제한도
700만 원	0원	400만 원
400만 원	0원	400만 원
400만 원	300만 원	700만 원
300만 원	400만 원	700만 원
200만 원	500만 원	700만 원
0원	700만 원	700만 원
0원	800만 원	700만 원

제를 받을 수 있는 최대 금액이 400만 원이라는 것을 확인할 수 있습니다. IRP는 연금저축보다 단독으로 세액공제 받을 수 있는 금액이 300만 원 더 높아 700만 원까지 세액공제 혜택을 받을 수 있습니다. 바로 이러한 특징 때문에 세액공제 금액에 대해 착각을 할 수 있습니다.

세액공제한도를 계산할 때는 주의할 점이 있습니다. 2가지 상품을 모두 가입하더라도 한도는 700만 원이 최대입니다. 따라서 '연금저축 400만 원, IRP 700만 원이 각각의 세액공제한도니까 합산해서 1,100만 원까지 세액공제가 되겠지'라고 생각하면 안 됩니다. 세액공제 혜택을 위해 연금저축에 가입하고 매년 400만 원을 꽉 채워서 납입하고 있는데, 조금 더 많은 세액공제를 원한다면 IRP를 개설해서 300만 원을 더 납입하면 세액공제효과는 극대화됩니다. 이렇게 세액공제금액을 늘려 가는 것은 세금을 줄일 수 있고 노후 자금도 꾸준히 적립한다는 측면에

● 연봉과 납입금액별 절세 효과

구분	소득 크기	세액공제율	공제대상 저축금액		환급세액
저소득자	총급여 연간 5,500만 원 이하 종합소득 연간 4천만 원 이하	16.5%	연금저축	400만 원	660,000
			연금저축+IRP	700만 원	1,155,000
고소득자	총급여 연간 5,500만 원 초과~1.2억 원 이하 종합소득 연간 4천만 원 초과~1억 원 이하	13.2%	연금저축	400만 원	528,000
			연금저축+IRP	700만 원	924,000
	총급여 연간 1.2억 원 초과 종합소득 연간 1억 원 초과		연금저축	300만 원	396,000
			연금저축+IRP	700만 원	924,000

서 효과적입니다.

연봉과 납입금액에 따른 절세 효과를 정리했으니 참고 바랍니다. 연금저축의 세액공제는 납입금액과 가입자의 소득 수준에 따라 세제 혜택이 달라지기 때문에 한눈에 확인하기 쉽습니다.

│3│ 세액공제한도를 초과해서 납입한 경우

연금저축은 연간 납입금액에 대해 400만 원까지만 세액공제 혜택이 있습니다. 올해에 연금저축에 초과해서 낸 금액이 있다고 해서 해당 금액을 추가로 공제를 받을 수 없습니다. 그러나 초과해 납입한 금액을 다음

해에 세액공제를 받기 원한다면 반드시 신청해야만 합니다. 연금계좌 소득세법 명시 사항을 살펴보면 다음과 같습니다.

소득세법 제118조의3 [연금계좌세액공제한도액 초과납입금 등의 해당연도 납입금으로 전환 특례]

연금계좌 가입자가 이전 과세기간에 연금계좌에 납입한 연금보험료 중 법 제59조의3에 따른 연금계좌세액공제를 받지 아니한 금액이 있는 경우로서 그 금액의 전부 또는 일부를 해당 과세기간에 연금계좌에 납입한 연금보험료로 전환해 줄 것을 연금계좌취급자에게 신청한 경우에는 법 제59조의3을 적용할 때 그 전환을 신청한 금액을 제40조의3제2항에도 불구하고 연금계좌에서 가장 먼저 인출해 그 신청을 한 날에 다시 해당 연금계좌에 납입한 연금보험료로 본다.

이 경우 전환을 신청한 금액은 그 신청한 날에 연금계좌에 납입한 연금보험료로 보아 제40조의2제2항 각 호의 요건을 충족해야 한다.

부칙 제7조 [연금계좌세액공제한도액 초과납입금 등의 해당 연도 납입금으로의 전환 특례 등에 관한 적용례]

제40조의2제2항(제118조의3의 개정규정과 관련된 사항으로 한정한다) 및 제118조의3의 개정규정은 2014년 5월 1일 이후 초과납입금 등의 전환을 신청하는 분부터 적용한다.

● 국세청 홈텍스 민원증명신청 – 연금납입확인서

　　연금저축은 세액공제를 받지 않은 금액에 대해서 언제든지 자유롭게 출금이 가능합니다. 납입금액 중에서 세액공제 받지 않은 금액으로 세액공제 신청을 하려면 우선 해당 금액을 출금한 뒤 다시 넣을 수도 있겠지만 소득세법 제118조의3 [연금계좌세액공제한도액 초과 납입금 등의 해당연도 납입금으로 전환 특례]는 그 번거로움을 없애주었습니다. 즉 가입한 취급 금융기관에 신청하면 세액공제 받지 못한 금액을 정산해 다음 해 세액공제 대상 금액으로 잡아주기 때문에 굳이 일부러 출금했다가 다시 입금하지 않아도 된다는 뜻입니다.

　　연금계좌 초과납입금을 해당 연도 납입금으로 전환 신청하기 위해서는 신분증과 소득/세액공제확인서, 연금납입확인서를 지참하고 연금저축을 가입한 금융회사에 방문해 서류를 제출하고 세액공제 이월 신청을 하면 됩니다.

| 4 | 최소한으로 연금저축 가입하고 혜택 받기

연금저축을 가입하고도 세액공제를 받지 못하는 경우도 발생할 수 있습니다. 바로 세금을 낼 게 전혀 없거나 세금을 내더라도 아주 적게 내기때문에 연금저축을 납입 최대 한도인 400만 원까지 납입하더라도 그중일부만 세액공제 되는 경우입니다. 본인의 소득 수준과 재무 상황을 고려하지 않고 덜컥 연금저축 상품을 가입하고 무작정 연금저축에 많이납입해 세제 혜택을 받으려고 하면 안 된다는 이야기입니다. 예를 들어근로소득만 있는 직장인으로 총급여가 적어, 각종 공제를 통해 최종적으로 산출된 결정세액이 20만 원인 경우를 살펴보겠습니다. 이 경우 1년동안 연금저축을 400만 원까지 납입했다고 하더라도 세액공제를 통해줄일 수 있는 세금의 한도는 20만 원까지가 전부입니다.

근로자가 연말정산을 하는 과정에서 가장 중요한 부분은 결정세액을확인입니다. 결정세액은 산출세액에서 세액공제가 되는 금액을 차감해계산되는데, 결정세액을 줄일수록 세금 부담이 줄어듭니다. 따라서 연금저축을 가입한 경우 산출세액에서 연금저축 세액공제를 적용해 결정세액이 작아지게 되고, 결정세액이 작아지면 기납부세액과 비교해 세금을 환급받을 수 있는지 확인 가능합니다.

연금저축을 가입하지 않았다면 결정세액 20만 원과 기납부세액 100만원을 비교해서 80만 원을 돌려받을 수 있었습니다. 그러나 연금저축을가입하고 적정 금액을 납입하면 결정세액을 0원으로 만들수 있고, 기납부세액 100만 원 전액을 환급받을 수 있습니다. 따라서 연금저축을 가

● 연금저축 가입 전후 결정세액(예시)

구분	결정세액	산출세액	연금저축
	결정세액=산출세액－연금저축 세액공제		
연금저축 가입 전	20만 원	20만 원	0원
연금저축 가입 후	0원	20만 원	20만 원

● 연금저축 가입 전후 연말정산 환급액(예시)

구분	환급액	결정세액	기납부세액
	환급액=결정세액－기납부세액		
연금저축 가입 전	80만 원	20만 원	100만 원
연금저축 가입 후	100만 원	0원	100만 원

입해서 20만 원이나 돈을 더 돌려받게 되는 개념입니다.

이때 돌려받을 수 있는 금액은 20만 원이 최대입니다. 앞에서 살펴본 것처럼 공제한도가 산출세액을 초과할 수 없기 때문입니다. 연금저축의 세액공제를 통해 줄일 수 있는 공제금액의 최대 한도는 400만 원의 16.5%인 66만 원이지만 가입자가 납부해야 하는 세금은 20만 원이 전부입니다. 회사에서 1년 동안 먼저 떼어간 세금인 기납부세액(100만 원)을 초과한 금액 이상의 절세 혜택을 얻을 수 없습니다.

그럼 연간 세금으로 20만 원만 부과되는 사람이 연금저축을 통해 최대로 절세를 하려면 얼마를 내면 될까요? 연금저축계좌에 연간 122만 원을 납입하면 됩니다.

연금저축 최소 납부금액 계산법

연금저축 최소 납부금액=납부세액/0.165

20만 원/0.165=121.2121만 원

(근로소득 5,500만 원 이하, 종합소득 4천만 원 이하는 납입금의 16.5% 공제 적용)

연말정산과 5월에 신고하는 종합소득세 신고를 통해 발급받은 본인의 전년도 세금계산서가 있다면 최종 산출세액을 확인해보고 본인의 수입 규모에 따라 16.5% 또는 13.2%를 나눠봅니다. 그 값이 연금저축을 통해 세액공제를 받을 수 있는 최대 금액입니다.

총급여 5,500만 원 이하 또는 종합소득 4천만 원 이하

MIN [산출세액/0.165=세액공제 위해 연금저축에 납입해야 할 최대 금액, 400만 원]

➡ 세액공제 위해 연금저축에 납입해야 할 최대 금액과 400만 원 중 적은 금액

총급여 5,500만 원 초과 또는 종합소득 4천만 원 초과

MIN [산출세액/0.132=세액공제 위해 연금저축에 납입해야 할 최대 금액, 400만 원]

➡ 세액공제 위해 연금저축에 납입해야 할 최대 금액과 400만 원 중 적은 금액

총급여 1억 2천 만 원 초과 또는 종합소득 1억 원 초과

MIN [산출세액/0.132=세액공제 위해 연금저축에 납입해야 할 최대 금액, 300만 원]

➡ 세액공제 위해 연금저축에 납입해야 할 최대 금액과 300만 원 중 적은 금액

연금저축 Q&A

Q. 공적연금과 사적연금은 어떻게 구분할 수 있나요?

대표적인 공적연금은 국민연금, 공무원연금, 군인연금, 사학연금, 별정우체국연금이 있습니다. 2002년을 기점으로 이후 불입분은 소득공제를 적용해 나중에 연금을 받을 때 연금소득세를 납부하게 됩니다. 2002년 이전에 납입한 금액에 대해서는 소득공제를 하지 않아 연말정산으로 돌려받은 금액이 없으며 따라서 연금을 수령할 때 비과세를 적용받습니다.

사적연금은 연금저축과 퇴직연금이 있습니다. 사적연금은 연간 수령하는 연금액 1,200만 원을 기준으로 과세(연금소득세)가 적용됩니다.

● 연금소득 분리과세 대상 및 기준금액

구분	2012년 12월 31일 이전	2013년 1월 1일 이후
적용 대상	공적연금*+사적연금** * 국민연금, 공무원연금, 사학연금 등 ** 연금계좌(연금저축, IRP)	사적연금
한도	연간 600만 원	연간 1,200만 원

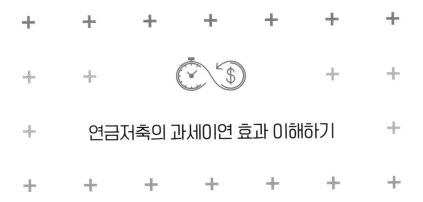

연금저축의 과세이연 효과 이해하기

금융 상품에서 수익이 발생하면 수익에 해당하는 세금을 납부하도록 되어 있습니다. 그러나 연금저축은 당장 내야 할 세금을 나중으로 미뤄두었다가 세금을 낼 수 있는 과세이연 효과가 있습니다.

일반적으로 금융 상품에 가입을 하면 만기가 되었거나 결산을 하게 되는 시점에 투자기간 동안 발생한 수익에 대해 세금을 부과합니다. 그래서 세금을 납부하고 나서 나머지 금액으로만 재투자를 하게 됩니다. 연금저축은 예적금, 일반적인 펀드와는 다르게 연금을 수령할 때까지 세금을 부과하지 않습니다. 또한 연금 상품을 중도해지 할 때까지도 중간에 발생된 수익에 대해서 세금을 부과하지 않기 때문에 투자 기간 동

● 일반펀드와 연금저축펀드 운용 중 과세이연 효과

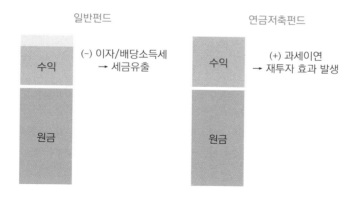

안 투자원금을 늘리는 효과가 있어 장기간에 걸쳐 투자수익을 극대화
할 수 있습니다.

　일반펀드 상품의 경우 발생한 수익에 대해서 이자 및 배당소득세를
매년 부과합니다. 그러나 연금저축펀드는 과세를 나중으로 이연하는
특징 때문에 재투자를 지속할 수 있는 장점이 있습니다. 과세이연 효과
의 차이는 시간에 따라 점점 더 커지게 됩니다. 수익률이 더 높거나 납
입금액이 커지면 과세이연으로 인한 절세 효과는 더욱 커지게 됩니다.
자연히 가입자의 최종 노후 자금 마련 금액도 커지게 됩니다. 이런 연금
저축의 과세이연 효과를 제대로 활용하기 위해서는 하루라도 빨리 연
금저축에 가입하는 것이 중요합니다.

　국내 및 해외펀드에 투자를 하고 펀드의 성과가 좋지 않은 경우도 가

● 연금저축과 일반펀드 투자 비교 예시

case	구분	① 해외펀드 매년 5% 수익		② 국내펀드 매년 5% 수익		③ 펀드성과 매년 5% 감소	
		연금저축	일반펀드	연금저축	일반펀드	연금저축	일반펀드
(A)	납입원금	40,000,000	40,000,000	40,000,000	40,000,000	40,000,000	40,000,000
(B)	수익금	12,827,149	12,521,922	12,827,149	12,827,149	-9,504,007	-504,007
(C)	세금*	2,905,493	1,928,279	2,905,493	-	1,677,280	-
(D)=(A)+(B)-(C)	세후 원리금	49,921,655	50,593,013	49,921,655	52,827,149	28,818,713	30,495,993
(E)=(A)×0.2%	총세액공제액	5,280,000	-	5,280,000	-	5,280,000	-
(F)=(D)+(E)	총수령액	55,201,655	50,593,013	55,201,655	52,827,149	34,098,713	30,495,993
(F)-(A)	총수익	15,201,655	10,593,013	15,201,655	12,827,149	-5,901,287	-9,504,007

※ 가정: 연 400만 원 10년간 납입, 연 5% 정률 성장. 매년 말 결산, 매년 초 투자, 국내펀드는 100% 주식투자, 연금개시 후에는 운용중지
* 세금: 연금저축은 납입원금과 수익금에 대해 5.5%, 일반펀드는 수익금에 대해 배당소득세 15.4%로 계산

● 해외펀드에 투자할 때의 과세

해외펀드의 구조	일반 해외펀드	연금계좌
주식매매이익	과세유보	과세이연
주식배당	과세	
이자소득	과세	
채권매매이익	과세유보	
외환차익	과세유보	

※ 과세 대상 수익에는 15.4% 세금 부과
※ 과세유보는 환매 시점에서 수익과 손실을 상계해 과세

정해서 계산을 해보더라도 연금으로 수령 시 연금저축이 상당히 유리하다는 점을 알 수 있습니다. 과세이연 효과와 재투자 효과를 고려하면 연금저축의 총수령액과 수익금이 커지고 연금으로서의 역할을 제대로 해내는 상품이라 할 수 있습니다.

연금저축 수령 방법에 따라 세금이 달라진다

다양한 금융 상품을 세금 측면에서 살펴보면 예적금의 이자, 채권의 이자, 비과세 혜택이 없는 저축성 보험(10년 미만, 과세)의 보험차익, 과세되는 일반펀드의 수익, 신탁 이익, 주식의 배당소득 등을 받을 경우 매년 2천만 원 이하 수익까지 15.4%(지방소득세 포함)의 세율로 분리과세를 적용합니다. 자산이 많든 적든, 그리고 소득이 많든 적든 상관없이 일괄적으로 15.4%를 적용해 세금을 납부해야 합니다.

　일반 금융 상품과 연금저축 상품의 가장 큰 차이점은 적용세율이 다르다는 것입니다. 일반 금융 상품은 15.4%의 이자 및 배당소득세만 세금으로 부과되지만, 연금저축은 연금으로 수령하는 경우와 일시금으로

● 연금저축과 일반 금융 상품의 분리과세 차이

상품	재원	적용세율	분리과세
연금 저축	연금수령	3.3~5.5%	연간 1,200만 원 이내에서 분리과세
	일시금 수령	16.5%	무조건 분리과세
일반 금융 상품	이자, 배당	15.4%	연간 2천만 원 이내 분리과세 초과 시 종합소득세 부과 (향후 기준금액 2천만 원에서 1천만 원으로 변할 가능성 큼)

수령할 경우 각각 다른 세율이 적용됩니다. 먼저 연금으로 수령할 경우 연금수령일 기준 55세 이상 70세 미만인 경우 지방소득세를 포함한 5.5%의 소득세가 적용되며, 70세 이상 80세 미만은 4.4%, 80세 이상은 3.3%의 연금소득세가 적용됩니다. 일시금으로 수령할 경우에는 16.5%의 기타소득세가 과세됩니다.

　연금저축 상품의 경우 납입기간 동안에는 과세이연 효과로 투자원금을 계속 키워갈 수 있으며 연금을 수령하는 시점에는 일반 금융 상품의 세율 15.4%보다 더욱 낮은 세율인 3.3~5.5%의 세율을 적용합니다. 일반 금융 상품인 은행의 예적금 등의 이자소득세는 15.4%로 이자와 배당 등의 소득이 연간 2천만 원을 넘는 경우에는 종합소득세 신고 대상으로 더욱 높은 세율을 적용해 세금 부담이 증가합니다.

　또한 정부에서는 금융소득 과세 기준을 현행 2천만 원에서 1천만 원으로 낮추고자 하는 움직임을 보이고 있습니다. 아직 확정된 사항은 아

● 연금저축 재원과 수령 방법에 따라 달라지는 분리과세

구분	분리과세 세율	
세액공제 받은 금액 원금	연금으로 수령 시 5.5~3.3%	일시금으로 수령 시 16.5%
세액공제 받은 금액으로 인한 수익	연금으로 수령 시 5.5~3.3%	일시금으로 수령 시 16.5%
세액공제 받지 않은 금액 원금	세 부담 없음	세 부담 없음

니지만 과세 기준이 1천만 원으로 낮아지게 되면 종합소득대상자가 늘어 세금 부담이 증가하게 됩니다. 따라서 연금저축을 통해서 자산을 만들어갈 때 세제 혜택과 과세이연의 효과는 상당한 역할을 하게 됩니다.

연금저축 상품에 납입한 원금 중에 세액공제를 받지 않은 금액에 대해서는 연금 또는 일시금 수령 시에 대한 세금 부담이 없습니다. 따라서 장기적으로 돈을 모으고 노후 자금을 준비할 때는 일반 금융 상품인 정기예금이나 적금보다는 훨씬 유리합니다.

연금을 어떻게 받아야 손해가 없을까?

연금저축은 연금수령을 주목적으로 만들어진 상품입니다. 따라서 중도에 연금 이외의 형태인 일시금으로 자금을 인출할 때는 일종의 페널티가 적용됩니다. 세액공제 받은 납입원금과 그 금액으로 얻어진 이익금 모두에 16.5%의 기타소득세를 추징합니다. 가혹해 보이는 페널티이지만 자세히 살펴보면 손해는 아니라는 사실을 알게 될 것입니다.

　다음 내용을 살펴보면 연금저축 가입을 망설이게 하는, 혹시 모를 해지했을 때의 페널티(기타소득세)가 그리 두렵지 않게 느껴질 것입니다. 연금저축 재원을 바탕으로 연금 형태로 수령하느냐 연금 외 일시금으로 수령하느냐에 따라 나눠서 살펴보도록 하겠습니다.

| 1 | 연금저축 운용수익금을 연금으로 받아야 유리하다

연금저축은 연금으로 수령 시 3.3~5.5%의 낮은 세율을 적용합니다. 노후 준비에 대한 계획을 보다 구체적으로 세워서 다른 저축금액을 연금저축으로 옮기면 15.4%의 세금 낼 것을 3.3~5.5%로 줄일 수 있습니다. 무려 9.9~12.1% 차이가 생기게 됩니다. 저금리 시대에는 1%의 수익률도 노후 자금에 큰 영향을 미칩니다. 장기간에 걸쳐 얻어진 수익금에 대해 세금 9.9~12.1%의 차이는 실제 수익률의 차이를 만들어냅니다. 절세가 곧 수익률입니다.

| 2 | 연금저축 운용수익금을 일시금으로 받아도 유리하다

살아가다 보면 상황에 따라 연금으로 수령하지 못하고 중도해지를 해서 그동안 쌓인 연금저축의 금액을 일시금으로 찾아야만 하는 경우가 생기게 마련입니다. 이때 연금저축은 16.5%의 세율로 분리과세를 합니다. 일반적인 이자 및 배당소득 분리과세 세율인 15.4%와 비교해보면 1.1%(16.5-15.4) 차이가 생기게 됩니다. 물가상승률을 1.1% 이상이라고 가정해본다면 이 정도 차이는 앞서 공부한 과세이연 효과를 고려했을 때 충분히 극복 가능한 차이라 할 수 있습니다.

정리하자면 연금저축을 일시금으로 받을 경우에 비록 일반적인 이자소득세인 15.4%보다 1.1%의 세금을 더 내게 됩니다. 하지만 운용 중에 매년 정산하며 내야 할 세금까지 포함해서 복리로 운용하다가 해지하기 때문에 단순히 수치상 1.1%를 더 내는 것은 큰 의미가 없다고 할 수 있습니다.

| 3 | 세액공제 받았던 연금저축 납입원금을
연금으로 받아야 유리하다

연금저축의 납입원금은 연금으로 수령할 때 연금소득세 3.3~5.5% 세율을 적용합니다. 소득 수준에 따라 납입금액의 13.2% 또는 16.5%를 매년 연말정산을 통해 돌려받습니다. 그러면 13.2%의 세액공제 비율을 적용받는 대상자를 기준으로 차이를 구하면 7.7~9.9%의 절세 효과가 있고, 16.5%의 세액공제 비율을 적용받는 대상자를 기준으로 차이를 구해보면 11~13.2%의 세율 차이가 생깁니다.

| 4 | 세액공제 받았던 연금저축 납입원금을
일시금으로 받아도 유리하다

연금저축의 납입원금을 일시금으로 받게 되면 16.5%의 세율을 적용합니다. 그러니까 총급여 5,500만 원 이하인 근로자나 종합소득 4천만 원 이하의 종합소득자가 연금저축에 납입 시 매년 16.5%로 세액공제를 받습니다.

원래 16.5%의 세율로 세액공제를 받고서 해지할 때 똑같은 16.5%로 세금을 납부하기 때문에 손해는 아닙니다. 세액공제를 받을 때는 바로 받았고, 돌려받은 세금으로 재투자를 하며 수익률을 높일 수도 있습니다. 상품을 해지하며 16.5%의 세금을 낼 때는 먼 훗날의 일입니다. 지금 돌려받은 돈 100만 원과 몇 년 뒤 납부해야 하는 돈 100만 원은 분명한 차이가 있습니다. 화폐가치는 시간이 갈수록 하락합니다. 화폐의 가치는 현재가 가장 비싸기 때문입니다.

그렇다면 소득이 높아 16.5%가 아닌 13.2%의 세액공제를 받는 사람들은 해지할 때 손해인지 따져보겠습니다. 연금저축을 통해 공제받을 때 적용세율 13.2%와 해지했을 때 적용되는 세율 16.5%의 차이인 3.3%를 세금으로 더 내야 합니다. 다른 경우에 비해서는 해지할 때 조금 더 고민하게 되는 상황이 맞긴 합니다.

그러나 조금 더 깊이 생각해보면 역시나 손해는 아닙니다. 매년 돌려받은 세금으로 재투자를 한다면 몇 %의 수익을 얻을 수 있을지 고려해 봐야 합니다. 수익률을 최소한으로 정한다 하더라도 1~3% 정도는 될 것입니다. 투자재원을 늘려주는 과세이연 효과로 얻을 수 있는 추가 수익은 시간이 지날수록 커지겠지만 짧은 기간 가입 후 해지한다 하더라도 수익률은 1~2%는 초과할 것입니다.

그리고 연금저축 외의 다른 상품을 이용했을 때 전혀 받지 못했을 13.2%의 세액공제 효과는 어떤 가치가 있을까요? 투자를 할 때는 기회비용을 고려해야 합니다. 세액공제를 받지 않았다면 소득이 높은 사람의 경우 13.2%가 아닌 16.5~44%의 세금을 내야 하기 때문에 연금저축이 유리합니다.

● 적용받은 세액공제율에 따라서 달라지는 기타소득세 추징 시 부담

구분	세액공제율	연금 외 일시금 수령 시 기타소득세 세율	차이	손해 여부
총급여 5,500만 원 이하 또는 종합소득 4천만 원 이하	16.5%	16.5%	0	다른 것 고려할 필요 없이 손해 볼 게 없다.
총급여 5,500만 원 초과 또는 종합소득 4천만 원 초과	13.2%	16.5%	-3.3%	손해 볼 게 없다. 돌려받은 세금의 재투자 과세이연 효과 연금저축 미가입 시 13.2% 세액공제 불가하고 소득에 따라 16.5~44% 이상 세율 과세 대상 (소득 때문) 금융소득 종합과세회피

결론적으로 연금저축은 나중에 연금으로 수령하든 일시금으로 수령하든 결국 저율과세와 분리과세 효과로 가입자에게 언제나 세제와 수익률 측면에서 유리한 혜택을 제공합니다.

연금저축의 연금수령한도를 지켜라

연금으로 수령한다고 해서 무조건 3.3~5.5%의 연금소득세로 과세되는 것이 아닙니다. 연금계좌가 노후생활을 위한 자금을 쌓아놓은 통장이기 때문에 인출 초기에 많은 금액을 연금으로 받는 것을 방지하기 위해 연금수령한도를 적용하고 있습니다. 연금수령한도 내에서 인출해야 연금소득세로 과세하고 연금을 한도 내에서 수령해야만 연금수령으로 인정한다는 뜻입니다. 연금수령한도는 10년 동안 적용되며, 매년 연금계좌 평가금액을 남은 연금수령기간으로 나눠 최대 120% 내에서 연금으로 수령할 수 있습니다.

$$\frac{\text{연금계좌 평가액}}{11-\text{연금수령연차}} \times 1.2 = \text{연금수령한도}$$

가입 시점에 따른 연금수령 조건		연금수령 연차
2013년 3월 2일 이후 가입	5년 이상 납입 및 만 55세 충족 시	1년 차부터 연령에 따라 가산
2013년 3월 1일 이전 가입	10년 이상 납입 및 만 55세 충족 시	6년 차부터 연령에 따라 가산

연금수령 연차는 최초로 연금수령 할 수 있는 날이 속하는 과세기간을 기산연차로 해 그다음 과세기간을 누적 합산한 연차를 말합니다. 연금수령 연차가 11년 이상인 경우에는 연금수령한도를 적용하지 않습니다. 따라서 11년 이후에 인출하는 금액에 대해서는 연금수령으로 간주해 연금소득으로 과세합니다.

(구)연금저축(2013년 3월 1일 이전 가입)는 가입기간이 10년이며, 신연금계좌(2013년 3월 1일 이후 가입)는 가입기간이 5년입니다. 따라서 두 상품의 형평성을 맞추기 위해서 기산연차를 6년차로 적용합니다.

| 1 | 연금수령 사례 살펴보기

60세부터 연금수령을 희망하는 직장인 정수진 님을 살펴봅시다. 연금수령 연차는 연금가입 5년 이상 경과 및 만 55세 이상 되는 시점이 연금수령 1년차이며, 해마다 연차가 올라가게 됩니다. 정수진 님의 연금 수령 연차를 계산해보겠습니다. 정수진 님의 연금 현재 총평가액은 1억 원입니다. 정수진 님이 은퇴를 하기로 결심해 60세에 연금을 신청하게 되면 연금수령 연차는 6차년도(=1+60세-55세), 첫해 연금수령한도는 2,400만 원(=1억 원/(11-6)×1.2)이 됩니다. 단, 연간 연금저축의 연금수령 금액이 1,200만 원 초과하게 되면 종합소득신고 대상에 해당된다는 점은 주의해야 합니다.

또 다른 예를 살펴보겠습니다. 43세 직장인 함현규 님은 10년 납으로 연금저축을 가입하고 만 55세부터 연금수령을 하고자 합니다. 현재까지의 연금액 총평가액은 5천만 원입니다. 이런 경우에는 가입일 이후 5년 시점(48세)이 만 55세에 미달하므로 연금수령 연차가 1차년도(=1+55세-55세)가 됩니다.

$$\frac{5{,}000만\ 원}{11-1} \times 1.2 = 600만\ 원$$

해당 연도 과세기간 동안 600만 원 이하로 연금을 수령하면 연금소득세율 5.5%를 부과하고, 한도를 초과해 수령하면 초과분은 기타소득세 16.5%(지방소득세 포함)를 부과합니다. 즉 연금수령한도는 600만 원으로 고정된 것이 아니라 연금수령 연차에 따라 달라지게 됩니다. 연금을 만 55세부터 수령할 경우 10년 이상 연금을 수령해야 세제상 불이익이 없습니다. 연금저축을 2013년 3월 1일 이전에 가입한 사람은 수령조건을 충족하는 시점에 6년 차부터 기산합니다.

직장인 조규상 님의 경우도 살펴보겠습니다. 연금저축을 2013년에 가입했고 만 58세부터 연금수령을 희망합니다. 현재 조규상 님 연금의 총평가액이 1억 원이라면, 연금수령 연차는 9차년도(=6+58세-55세), 연금수령한도는 6천만 원(=1억 원/(11-9)×1.2)이 됩니다.

| 2 | 연간 수령액 1,200만 원 한도

연금저축은 연금수령 시 연금저축과 퇴직연금 중 자기부담금액을 합산해 1,200만 원이 넘으면 3.3~5.5%의 세율로 분리과세를 적용받지 못하고 다른 소득과 합산해서 종합과세를 적용합니다. 연금을 수령할 때 소득활동을 하고 소득이 많다면 소득 수준에 따라 6.6~46.2%의 세율을 적용받아 세금 부담이 커질 수 있기 때문에 주의해야 합니다.

이런 경우에 해당될 때는 연간 수령액이 1,200만 원이 넘지 않도록 더 오랜 기간에 걸쳐 나눠 받도록 수령 조건을 조정하는 것이 좋습니다. 예를 들어 연금수령 시점에 1억 5천 만 원이 쌓여 있다면 10년에 걸쳐 받으면 연간 수령액이 1,500만 원으로 연간 기준액인 1,200만 원이 넘게 됩니다. 하지만 같은 금액을 20년에 걸쳐 나눠 받도록 설정하면 연간 수령액이 750만 원 정도가 되어 1,200만 원 초과될 걱정을 하지 않아도 됩니다.

물론 자신의 수명과 신체의 컨디션에 따라 어떻게 될지는 모르기 때문에 연금을 길게 수령하는 것을 선택하거나 짧게 수령하는 것을 선택해

● 연간 수령액이 1,200만 원 한도가 적용되는 연금 종류

연금 종류		한도 적용	비고
국민연금, 공무원연금, 사학연금, 군인연금		×	미적용
퇴직연금	퇴직금	×	퇴직소득세 처리
	본인 추가 납입액	○	소득세액 공제를 받은 금액과 운용수익
개인연금	연금저축	○	
	(구)개인연금	×	비과세
	연금보험	×	비과세

야 합니다. 세금에 관한 측면만 고려한다면 연간 연금수령액을 1,200만 원 이하로 맞추면 불필요한 세금을 줄어들게 됩니다. 여기서 주의할 점은 1,200만 원을 계산할 때 연금저축으로 인한 연금뿐 아니라 퇴직연금(DC, IRP) 중 개인 부담으로 인한 수령액도 합산해서 계산된다는 점입니다. 연금저축으로 인한 연금수령액과 퇴직연금 중 개인 추가 납입분을 각각 합산해 계산합니다.

연간 연금수령액 1,200만 원 초과 시 → 합산과세
연간 연금수령액 1,200만 원 이하 시 → 분리과세

앞에서 살펴본 것처럼 연금의 종류는 정말 다양합니다. 국민연금과 공무원연금 등의 경우에는 연간 수령한도가 없기 때문에 연금저축처럼 연간 수령액 한도인 1,200만 원이라는 기준이 없습니다. 개인연금 중에

서도 보험사의 비과세 연금보험의 경우 납입기간 동안 소득공제나 세액공제를 받지 않으며 노후에 연금을 수령할 때 비과세로 수령이 가능합니다. 따라서 연금저축처럼 연간 1,200만 원이라는 연간 수령액에 제한이 없습니다.

한도가 적용되는 상품은 연금저축과 개인형퇴직연금(IRP)에 납입한 본인 추가 납부액에 대해서 적용하기 때문에 연간 수령한도를 잘 확인해서 연금을 수령해야 추가적인 세금 부담을 줄일 수 있습니다.

4장

노후의 무기가 되는
연금저축 Q&A

연말에 회사의 점심시간을 이용해 재무설계와 자산 관리에 관한 특강을 듣게 되었습니다. 재무설계에 관한 다양한 주제를 4주 과정으로 배워보는 소규모 스터디 모임으로 마지막 주에는 연금에 관한 주제를 다뤘습니다. 마침 연말을 앞두고 있어서 그런지 개인적으로 연말정산에 대한 관심이 많았습니다. 소득공제와 세액공제가 어떻게 계산되는 건지 궁금하기도 하고 너무 몰라서 어떻게 질문을 해야 할지조차 몰랐습니다. "연금저축이 다른 상품들보다 세제 혜택이 많나요?" 라고 질문했는데 이 순간을 기다렸다는 듯이 너도나도 손들고 세액공제 혜택이 있는 연금저축에 대해 여러 질문들을 쏟아냈습니다. 올해 연말정산만큼은 세금을 토해내지 않겠다는 강렬한 열망들이 분출되었던 것 같습니다.

29세 직장인 최형준 님의 사례

재무설계 강의나 개인 상담을 할 때 연금저축에 관해 가장 많이 받는 질문은 연금저축에 가입하면 얼마나 절세가 가능한지에 대한 질문입니다. 그다음으로는 각자 가입한 연금저축 상품을 잘 가입한 것인지 점검해달라고 요청합니다. 가입되어 있는 연금저축의 불입금이 부담되는데 해지해도 되는지, 주부나 무직자도 연금저축에 가입하면 세액공제를 받을 수 있는지, 어린 자녀들 명의로 가입을 시켜줘도 되는지 등 다양한 질문을 합니다. 이렇게 연금저축에 대해 질문을 많이 하는 것은 그만큼 사람들이 노후와 절세에 대한 관심이 많기 때문으로 보입니다.

연금저축은 가입 조건만 된다면 누구에게나 국가에서 세제 혜택을 주는 금융 상품인 만큼 그에 따르는 여러 가지 제한사항들이 많습니다. 중도에 해지한다든지, 연금이 아닌 일시금으로 수령한다든지 제한사항들을 지키지 않을 경우에는 돌려받았던 세금을 토해내는 등 그에 따라 불이익이 발생할 수 있습니다.

이번 장에서는 평소에 연금저축에 대해 알쏭달쏭했던 궁금증들이나 어디에 질문하기 애매한 내용들까지, 대표적인 21가지의 질문들을 통해 보다 나은 노후 준비와 절세 혜택에 대한 연금저축 활용법에 대해 알아보겠습니다.

연금저축을 다른 기관으로 이전할 수 있나요?

가능합니다. 연금저축 상품은 보험사의 연금저축보험, 은행의 연금저축신탁, 증권사의 연금저축펀드로 구분되어 있으나 결론적으로는 동일한 세제 혜택을 받을 수 있어 이전이 가능합니다. 연금저축은 최소 5년 이상 납입하고 만 55세 이후 최소 10년 이상을 연금으로 수령하는 대표적인 장기 금융 상품입니다.

그러나 연금저축 상품을 가입 후 연금으로 수령하지 않고 중도에 해지하는 경우 조금 더 높은 세율을 적용받는 페널티 조항이 있습니다. 연금저축 가입자의 안정적인 연금수령을 위해서 일부러 가입 기간 중간에 자금 이탈을 최대한 제한해놓은 상품이라 할 수 있습니다. 필요 시 상품을 해지하는 대신에 타 기관으로 이전할 수 있는 기관 간 연금이전 (계좌이체)를 가능하게 개선했습니다.

가입자의 선택에 따라 기존에 가입한 보험을 펀드로, 신탁을 보험으로, 펀드를 신탁으로 등 페널티 없이 상호간 변경이 가능합니다. 세법상 페널티는 전혀 없습니다. 상품을 해약하는 것이 아니기 때문입니다. 다만 계좌이전 비용이 금융기관에 따라 다소 차이는 있지만 전혀 없거나 5천~5만 원 정도 소요될 수 있습니다. 또한 연금저축보험의 경우 해약 환급금 기준으로 이전되기 때문에 이전하기 전에 납입원금과 수익률을 확인하고 이전하는 것이 좋습니다.

과거에는 연금 상품의 이전이 불가능했습니다. 연금 목적으로 선택한 상품의 수익률이 좋지 않아 다른 상품으로 갈아타고자 하는 경우에도 상품을 환매해야만 했습니다. 결국 계좌까지 해지되는 상황이 발생하기 때문에 노후 자금을 관리하기가 상당히 어려웠습니다. 또한 연금저축을 다른 기관으로 이전하기 위해서는 기존 가입한 금융회사와 새로 가입할 금융회사를 둘 다 방문하고 서명하고 서류를 챙겨서 전달하는 불편하고 복잡한 과정이 있었습니다.

그러나 최근 연금저축계좌 이동간편화 제도를 통해서 아주 쉽고 간단하게 이전 절차를 진행할 수 있습니다. 계좌이체를 하기 위해서는 먼저 새로 가입할 금융회사에서 새로운 계좌를 개설해야 합니다. 직접 지점에 방문해 개설할 수도 있지만 최근에는 간단하게 애플리케이션으로도 지점 방문 없이 비대면으로 계좌를 개설할 수 있습니다. 그런 다음 해당 금융회사에서 기존에 가입하고 있는 금융회사 쪽으로 계좌이체를 신청하면 금융회사 간 업무처리에 따라 적립금이 새로 개설한 계좌로 이전됩니다. 계좌이체에 소요되는 시간은 상품에 따라 다르며, 신청일로부터 통상 5영업일 이내에 이전이 완료됩니다.

우선 연금저축의 이전은 크게 2가지 방법이 있습니다. '계좌이체'와 '계좌대체'입니다. 연금저축의 계좌이체는 말 그대로 현재의 연금저축계좌의 납입금을 그대로 다른 금융기관의 연금저축계좌로 이전하는 것을 의미합니다. 이때 반드시 확인해야 할 부분은 이전되는 금액이 기존 상품의 해약환급금을 기준으로 넘어간다는 사실입니다. 연금저축보험의 경우 이전할 때 해약환급금을 기준으로 하기 때문에 납입원금보다 적은 금액으로 계좌이전이 될 수 있습니다.

계좌대체는 동일한 금융회사 내에서 상품을 갈아타는 과정이라고 이해하면 쉽습니다. A라는 계좌를 쓰다가 B라는 계좌로 사용하는 계좌를 변경하는 것뿐입니다. 따라서 펀드 상품의 경우 환매가 되지 않고 그대로 B계좌로 이전되는 것을 의미합니다.

| 1 | 연금저축 계좌이체

연금저축(또는 연금저축계좌) 납입금에 대해 다른 금융기관으로 이전이 가능합니다. 이전 과정은 다음 페이지의 표를 참고 바랍니다.

연금저축계좌의 경우 이체 시 계좌에 보유한 모든 펀드가 환매신청 및 결제되며, 최종환매 결제일에 이동 금융기관의 계좌로 이체됩니다. 그리고 B기관으로 이체가 완료(연금저축계좌에 예수금으로 입금완료)됩니다. 연금저축계좌 이전 신청 전 연금저축계좌 보유 여부를 먼저 확인해야 합니다. 또한 연금저축계좌와 IRP(개인형퇴직연금)계좌 상호 간 이체 가능합니다.

이렇게 계좌이체를 하는 과정에서 금융회사에 따라 소정의 이전 수수료가 발생할 수 있습니다. 증권사의 경우 이전 수수료가 거의 없는 반면, 보험사와 은행 등 일부 사업자의 경우에는 이전 수수료를 부과하기도 하고 송금 수수료를 별도로 요구하는 경우도 있습니다.

● A금융기관에서 B금융기관으로 옮기는 방법

| | 01 이체 신청 | | 02 금융기관 처리 | | 03 계좌 확인 및 매수 |

B기관으로 이체 신청	• B기관 → A기관: 이전확인서 제출	연금계좌 잔액확인 후 신규매수 신청
	• B기관 → 고객: 이전의사확인/거절통보	
	• B기관 → A기관: 고객파생계좌송금 및 내역통보	

※ 이체(이전) 신청 가능 시간: 24시간 신청 가능함(당일 신청 건은 익일 처리)

| 2 | 연금저축 계좌대체

기존 가입한 연금저축(또는 연금저축계좌)을 같은 회사의 다른 연금저축계좌로 이체(이동)를 원하는 경우를 계좌대체라고 합니다. 예를 들어 예전에 가입했던 (구)연금펀드를 신연금이라고 할 수 있는 연금저축계좌로 옮기는 경우입니다. 이렇게 계좌를 대체하는 경우에는 기존 가입한 펀드를 환매하지 않고 보유잔고 그대로 계좌만 변경할 수 있습니다. (단, 연금저축계좌로만 대체 가능합니다.)

● 계좌대체 신청

01 연금저축 계좌등록	02 계좌대체 신청 D일	03 잔고확인 D+1일
• B기관 홈페이지에서 신규계좌를 연금저축계좌로 등록 • 기존에 등록한 연금저축계좌가 있는 경우 단계 생략	기존 가입한 연금 펀드 또는 연금저축계좌에서 다른 연금저축계좌로 대체 신청	계좌대체 신청한 익영업일에 변경 후 계좌에서 잔고 확인 가능

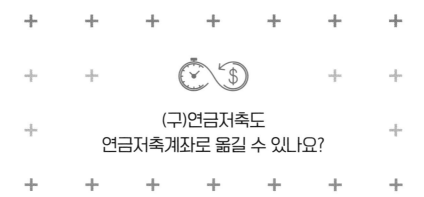

(구)연금저축도
연금저축계좌로 옮길 수 있나요?

(구)연금저축펀드 대체 또는 이체 후 기존 가입일 유지를 원할 경우에는 신규계좌를 연금저축계좌로 등록 시 '기존 가입일'을 선택한 후 대체 또는 이체 신청하면 됩니다. 이렇게 할 경우 5년 이내 중도해지 시 해지가산세 2.2%(주민세 포함)가 부과됩니다. 기존 가입일은 유지가 되지만 5년 이내 해지 시 해지가산세는 적용됩니다.

2000년 12월 31일 전에 가입한 개인연금저축의 경우 같은 개인연금저축 간에만 계약 이전이 가능합니다. 기존의 가입일이 그대로 유지되며 펀드의 구성과 선택에 대해서 확장성이 부족한 부분이 조금 아쉽습니다.

● (구)연금저축의 대체 또는 이체 가능 여부

구분		이체받을 계좌	
		(구)연금저축펀드(2013년 3월 1일 이전에 가입한 계좌)	연금저축계좌(2013년 3월 1일 이후에 가입한 계좌)
이체출금계좌	(구)연금저축펀드	이동 가능 (연금계좌, 기존 가입일 유지)	이동 가능
	연금저축계좌	이동 불가	이동 가능

　연금저축의 경우 같은 연금저축 간에 계약이전이 가능하면서 연금저축계좌로의 계약이전도 가능합니다. 2013년 3월 1일 이후의 연금저축계좌의 경우 개인연금저축이나 연금저축으로 이전이 불가하고 같은 연금저축계좌 간에만 계약이전이 가능합니다.

- 개인연금저축(~2000년 12월 31일): 같은 개인연금저축 간에만 계약이전 가능

- 연금저축(2001년 1월 1일~2013년 2월 28일): 같은 연금저축 간에 또는 연금저축계좌로 계약이전 가능

- 연금저축계좌(2013년 3월 1일~): 같은 연금저축계좌 간에만 계약이전 가능

　개인연금저축과 연금저축, 그리고 연금저축계좌는 용어가 비슷하지

● 상품 간 계약이전 가능 여부

기존 계좌	개인 연금저축	연금저축	연금 저축계좌	IRP (2월 이전)	IRP (3월 이후)
개인 연금저축	가능	불가능	불가능	불가능	불가능
연금저축	불가능	가능	가능	가능	가능
연금 저축계좌	불가능	불가능	가능	불가능	가능
IRP (2월 이전)	불가능	가능	가능	가능	가능
IRP (3월 이후)	불가능	불가능	가능	불가능	가능

• 개인연금저축: ~2000.12.31 • 연금저축: ~2013.2.28 • 연금저축계좌: 2013.3.1~
• IRP(2월 이전): ~2013.2.28 • IRP(3월 이후): 2013.3.1~

만 성격이 다르기 때문에 자신이 가입한 상품이 어떤 상품인지 정확히 확인하고 연금수령 전략을 세워야 합니다. 개인형퇴직계좌(IRP)의 경우에도 개설일 기준으로 이전이 가능한 경우가 있고 불가능한 경우가 있기 때문에 상품 간의 계좌이전에 대해서 고민하는 사람들은 위의 표를 참고하기 바랍니다.

개인형퇴직연금(IRP)도
연금저축으로 옮길 수 있나요?

연금저축계좌와 개인형퇴직연금(IRP) 간의 이전도 가능합니다. 연금저축과 IRP는 세액공제혜택이나 수령 시 저율과세 등 세법상 유사한 면이 상당히 많습니다. 2016년 7월부터는 일정 요건(만 55세 이상, 가입기간 5년 이상)을 충족한다면 서로 이동도 가능하도록 되었습니다.

퇴직금 제도를 적용하는 회사에서 퇴사한 근로자가 퇴직금을 연금저축계좌로 이전하면 원천징수 된 퇴직소득세가 환급되어 나중에 인출할 때 과세됩니다. 또한 퇴직금을 운용하면서 발생한 운용수익도 인출할 때 과세되기 때문에 운용하는 기간 동안 수익의 재투자 효과로 적립금이 그만큼 더 불어나게 됩니다.

● 연금저축계좌와 IRP 간 이전제도(2016년 7월 시행)

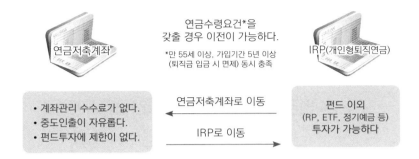

연금수령요건*을
갖출 경우 이전이 가능하다.

*만 55세 이상, 가입기간 5년 이상
(퇴직금 입금 시 면제) 동시 충족

연금저축계좌   IRP(개인형퇴직연금)

- 계좌관리 수수료가 없다.
- 중도인출이 자유롭다.
- 펀드투자에 제한이 없다.

연금저축계좌로 이동

IRP로 이동

펀드 이외
(RP, ETF, 정기예금 등)
투자가 가능하다

※ 연금저축 및 IRP 전체 규모(2015년): 118조 원, 이 중 '연금수령 요건을 갖춘 계좌'가 이동 가능

　

퇴직금을 일시금으로 바로 수령하면 소득 수준에 따라 3~7% 정도의 세율(실효세율)로 세금을 납부하게 됩니다. 하지만 55세 이후에 연금으로 수령한다면 3.3%(지방소득세 포함)의 낮은 세율로 과세하기 때문에 세금을 줄일 수 있습니다. 퇴직금을 연금저축계좌로 관리하려면 퇴직금 수령 후 60일 이내에 연금저축계좌로 퇴직금을 납입해야 합니다.

만약 회사가 연금저축계좌로 퇴직금을 지급하는 경우에는 원천징수 전 퇴직금을 받게 됩니다. 이때 퇴직금 전액을 납입할 수도 있지만, 일부만 납입하더라도 해당 퇴직금에 대한 퇴직소득세를 환급받을 수 있습니다.

기타소득세와
해지가산세에 대해서 알려주세요

(구)연금저축 가입자의 경우 세액공제의 혜택은 비교적 잘 알고 있지만, 중도해지 시 세금 부담은 잘 인식하지 못하는 경우가 많았습니다. 법원 판례에 따르면 중도해지에 관한 부분이 금융회사의 의무 설명대상이 아니기 때문에 가입자가 스스로 관련 세제 내용을 잘 살펴봐야 한다고 합니다. 말 그대로 세금에 대한 부분은 가입자 스스로 공부와 이해가 필요한 영역입니다.

예를 들어 2012년 연금저축을 가입하고 2016년까지 매년 400만 원을 납입(5년간 유지)한 홍보람 님의 중도해지 시 세금과 연금수령 시 세금에 대해서 알아보겠습니다. 홍보람 님은 매년 400만 원씩 세제 혜택

● 기타소득세와 해지가산세 납부 구분

기타소득세 납부	• 연금저축을 중도해지 시 과세대상 금액(소득공제 및 세액공제를 받은 금액+운 용수익)에 대해 기타소득세(16.5%) 부과 • 다만 '특별한 사유' 발생 시 연금소득세율(5.5~3.3%) 적용 ① 천재지변 ② 가입자 사망 ③ 가입자의 개인회생/파산선고 ④ 가입자 의 해외이주 ⑤ 가입자 및 그 부양가족의 3개월 이상의 요양 ⑥ 금융기 관의 영업정지, 파산(사유확인(발생)일로부터 6개월 이내 해지신청 건에 한함) • 2014년도까지는 중도해지 시 기타소득세 추징 후 종합소득에 합산해 서 납부해야 했으나 2015년부터 세법개정을 통해 기타소득세만 납부 하게 됨
해지가산세 납부	• 2013년 3월 이전에 가입한 (구)연금저축에 대해서는 가입 후 5년 이내 에 중도해지 할 경우 해지가산세 부과 • 과세대상 금액(소득 및 세액공제를 받은 금액)에 대해 해지가산세율(2.2%, 지 방소득세포함) 적용 • 2013년 3월 이후 체결한 연금저축은 세법개정을 통해 해지가산세 부 과 폐지함

● 연금저축 중도해지 관련 세제

주요 세제	종전	현행	시행
기타소득세	기타소득세(22.0%) 부과(300만 원 초과 시 종합소득 과세)	기타소득세(16.5%) 부과 (기타소득 분리과세)	2015년
해지가산세	가입 후 5년 내 해지 시 해지가산세 (2.2%) 부과	2013년 3월 이전 가입분 계속 적용 → 2013년 3월 이후 가입분부터 폐지	2013년

을 받았으며 5년간 총 2천만 원을 모았습니다. 현재 적립금은 납입금

액 2천만 원 원금과 운용수익 125만 원을 합해 총 2,125만 원입니다.

그럼 홍보람 님의 해지가산세는 얼마일까요? 과세 대상금액은 납입

금액인 2천만 원의 2.2%로 계산할 수 있습니다. 따라서 44만 원입니

다. 홍보람 님이 연금저축을 중도에 해지하게 되면 어떻게 세금이 계

산될까요? 과세대상 금액은 '세제 혜택 금액+운용수익'이기 때문에 총 2,125만 원입니다. 여기서 기타소득세는 16.5%이기 때문에 '2,125만 원×16.5%=350만 6천 원'입니다.

홍보람 님이 연금을 수령한다고 가정하면 연금수령 시 내는 세금은 총 얼마일까요? 말했듯이 과세대상 금액은 2,125만 원입니다. 만약 홍보람 님이 55세부터 연금을 10년 동안 균등수령 한다고 가정하면 연금소득세율인 5.5%로 계산하면 됩니다. 과세대상 금액 2,125만 원을 10년으로 나누면 매년 212만 5천 원의 연금을 수령하게 되고, 여기에 연금소득세 5.5%를 계산하면 매년 연금소득세는 11만 7천 원(212만 5천 원×5.5%)이 나오게 됩니다. 따라서 홍보람 님이 내야 하는 총 연금소득세는 10년 동안 117만 원입니다.

결국 중도해지를 하게 되면 연금수령에 비해 233만 6천 원의 수령액이 감소하게 됩니다. 따라서 한번 가입한 연금저축 상품은 최대한 오랫동안 유지해 연금을 수령하는 것이 유리합니다.

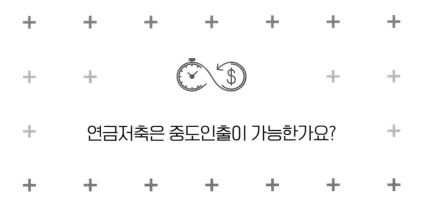

연금저축은 중도인출이 가능한가요?

연금저축에 납입한 금액 중 세액공제를 받지 않은 금액은 세금부과(기타소득세) 없이 중도인출이 가능합니다. 다만 2001년 1월 이후에 가입한 연금저축 상품에서만 인출이 가능하며 2001년 1월 이전 상품은 인출할 수 없습니다. 2013년 소득세법 개정으로 연금저축의 납입에서부터 인출 및 그에 따른 과세에 이르기까지 큰 변화가 있었고, '연금저축'의 명칭도 '연금저축계좌'로 변경되었습니다.

세법이 개정되기 전에 판매된 (구)연금저축에서는 해지하기 전에 인출하는 것이 불가능했습니다. 하지만 세법 개정으로 바뀐 연금저축계좌에서는 해지하지 않고도 중도에 적립금을 인출할 수 있습니다. 계좌

● 소득원천 구분에 따른 인출 순서

순서	구분	내용
1	당해 연도 납입금액	연금저축의 과세기간 중 납입금액은 인출 제한 없음. 과세 제외 금액
2	세액공제한도 초과 금액	과세 제외 금액으로 세액공제한도 400만 원 초과 적립금
3	세액공제 받지 않은 금액	세액공제한도 400만 원 이내의 세액공제 미신청 확인 적립금
4	이연 퇴직소득	퇴직급여제도 가입자의 퇴직소득 중 통산 IRP로 과세이연 한 적립금
5	과세금액	연간 400만 원 이내의 세액공제 확인된 적립금
6	운용수익	가입자의 납입금으로 운용한 수익

● 세금 부과 없이 중도인출 가능 금액

납입연도	납입금액	세제 혜택 받은 금액	세금 부과 없이 중도인출 가능 금액
2013	1,000	400	600
2014	1,000	400	600
2015	1,000	400	600
2016	1,000	400	600
2017	1,000	400	600
합계	5,000	2,000	3,000

에서 일부 금액이 인출되는 경우 소득원천 구분에 따라 순서대로 인출하게 됩니다.

매년 세액공제 혜택을 받지 않은 금액(표에는 600만 원)은 세금 부담 없이 중도인출이 가능하므로 총 3천만 원(600만 원×5년)은 세금을 내지 않고 중도인출이 언제든지 가능합니다.

연금저축에서 중도인출 할 때는 반드시 주의해야 할 사항이 있습니다. 중도인출 전에 국세청에서 소득세액공제확인서를 발급받아 연금저축을 가입한 금융회사에 방문해 제출해야 세금 없이 중도인출 가능 금액을 확인하고 인출할 수 있습니다. 만약 연금저축 상품을 2개 이상 금융회사에서 가입한 경우라면 다른 금융회사가 발급한 연금납입확인서를 발급받아 제출해야 정확한 금액을 확인할 수 있습니다.

이러한 불편함을 줄이기 위해서는 금감원에서는 여러 금융기관의 연금저축가입현황이 한번에 조회되는 시스템을 구축하고 있습니다. 금감원 홈페이지의 공시내용을 확인 바랍니다.

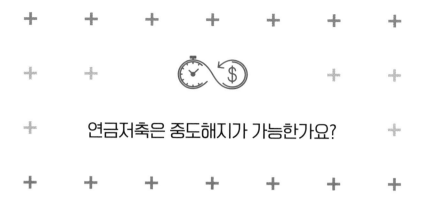

연금저축은 중도해지가 가능한가요?

가능합니다. 특히 2013년 이후에 가입한 연금저축계좌 상품은 해지가산세가 적용되지 않습니다. 그러나 연금저축계좌를 중도에 해지하면 과거에 소득(세액)공제를 받았기 때문에 납입한 원금에 대해서도 기타소득세(16.5%)를 부과하게 됩니다. 예를 들어 1천만 원을 납입 후 중도해지 한 경우 165만 원(1천만 원×16.5%)의 소득세가 부과되는 것입니다. 따라서 연금저축계좌에서 운용수익이 일부 발생했더라도 중도해지 하는 경우 소득세로 인해 수령액이 납입한 원금에 미달하는 경우가 생길 수 있습니다.

다만 소득(세액)공제를 받지 않은 금액이 있는 경우 해당 납입원금은 소득세 부과대상에서 제외됩니다. 이런 경우에는 개인이 따로 소득(세액)공제를 받지 않은 금액에 대한 증빙을 해야 합니다. 소득(세액)공제확인서(국세청 발급) 등 입증 서류를 개인이 가입한 연금저축계좌를 운영하는 해당 금융회사에 제출해야 합니다. 2014년 해지자도 소득(세액)공제를 받지 않은 금액이 있을 경우 금융회사에 제출해 소득세 환급이 가능합니다.

이렇듯 가입 후 중도해지가 가능하지만 급하게 돈이 필요한 경우에는 연금저축 담보대출을 활용하는 것이 유리합니다. 노후 대비 자금을 관리하는 연금저축 상품의 특성을 반영해 대출이자율을 비교적 낮게 정해 연금저축 담보대출제도를 운영하고 있습니다. 연금 상품을 해지하기 전 본인이 가입한 금융회사에 연금저축 담보대출을 알아보기 바랍니다.

중도해지 시 기타소득세를
내지 않는 방법이 있나요?

연금저축을 가입 후 중도해지 시 16.5%의 기타소득세가 부과됩니다. 하지만 불가피한 사유가 있는 경우 중도해지를 신청하더라도 세율을 낮게 적용받을 수 있습니다. 절세 혜택은 정부가 알아서 챙겨주지 않습니다. 아는 사람들만이 적극적으로 요청했을 때 얻을 수 있다는 것을 기억하길 바랍니다. 다음과 같은 사유로 연금저축을 해지할 상황이 생긴다면 꼭 잊지 말고 해지 사유가 부득이한 사유라는 것을 증빙하고 저율 과세를 적용받도록 해야 합니다.

- 천재지변

- 가입자의 사망

- 가입자의 개인회생, 파산선고

- 가입자의 해외이주

- 가입자 및 그 부양가족의 3개월 이상의 요양

- 금융기관의 영업정지, 파산

연금저축을 부득이한 사유로 해지할 때는 3.3~5.5%의 세율을 적용합니다. 이때 사유확인(발생)일로부터 6개월 이내 신청해야 합니다.

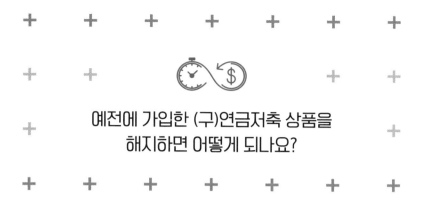

예전에 가입한 (구)연금저축 상품을
해지하면 어떻게 되나요?

2013년 3월 1일 이전에 가입한 (구)연금저축 상품을 5년 이내에 해지하게 되면 해지가산세 2.2%도 함께 납부해야 합니다. 예를 들어 2012년 연금저축을 가입하고 2015년까지 매년 400만 원을 납입했고 매년 400만 원씩 세액공제를 받았습니다. 현재 적립금은 1,700만 원으로 납입금액 1,600만 원 운용수익 100만 원이라고 가정하겠습니다.

연금저축을 중도에 해지하게 되면 우선 기타소득세를 부과합니다. 1,700만 원(세액공제금액+운용수익)에서 기타소득세율(16.5%)을 곱해 280만 5천 원을 납부해야 합니다. 2013년 3월 이전에 가입해 5년 이내에 해지하기 때문에 해지가산세 대상 금액은 1,600만 원에 해지가산세액 2.2%

를 계산하면 35만 2천 원입니다. 280만 원과 35만 2천 원을 합한 총 315만 7천 원을 제합니다. 따라서 세금공제 후 실제수령액은 1,384만 3천 원입니다.

그러나 가입 후 5년 이후에 해지하는 경우에는 해지가산세 2.2%를 부과하지 않습니다.

연금저축은 소득원천에 따라 과세가 달라지나요?

연금저축에 납입한 금액 중 세액공제를 받지 않은 과세 제외대상 금액에 대해서는 연금수령 시에도 비과세, 일시금으로 수령을 해도 비과세 혜택이 적용됩니다. 또한 언제든지 중간에 수시 입출금이 가능하다는 특징이 있습니다. 그러나 과세 대상이 되는 소득, 즉 세액공제를 적용받은 금액인 연간 400만 원 이하의 납입금액과 투자금에서 발생된 이자수익에 대해서는 연금수령 시 3.3~5.5%의 연금소득세가 적용되고, 일시금으로 수령할 경우에는 16.5% 분리과세가 적용됩니다.

● 연금저축계좌 과세 대상 구분

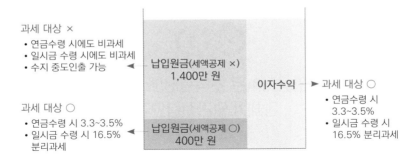

과세 대상 ×
- 연금수령 시에도 비과세
- 일시금 수령 시에도 비과세
- 수지 중도인출 가능 ◀

납입원금(세액공제 ×)
1,400만 원

이자수익 ▶ 과세 대상 ○
- 연금수령 시
  3.3~3.5%
- 일시금 수령 시
  16.5% 분리과세

과세 대상 ○
- 연금수령 시 3.3~3.5%
- 일시금 수령 시 16.5% ◀
  분리과세

납입원금(세액공제 ○)
400만 원

● 소득원천별 과세

구분	연금수령	연금 외 수령(일시금)
과세 제외 금액	과세 제외	과세 제외
이연퇴직 소득	연금소득세 3.3%	퇴직소득세
과세 대상 소득	연금소득세 3.3~5.5%	기타소득세 16.5%

※ 단, 세제 혜택을 받은 납입금과 운용수익이 인출될 때는 기타소득으로 과세되어 16.5%를 납부해야 함

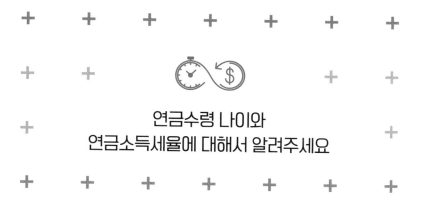

연금수령 나이와
연금소득세율에 대해서 알려주세요

연금저축을 납입하는 기간 동안 해당 납입액을 세액공제 받는 대신 만 55세 이후 연금수령 시에는 연금소득세 3.3~5.5%를 납부하게 됩니다. 생명보험사와 손해보험사에서 판매하는 연금저축계좌의 경우에는 연금수령 기간(10년, 20년 등)을 확정해 연금을 수령할 수 있는 확정형 연금과 사망 때까지 연금을 지급받을 수 있는 종신형 연금으로 나눌 수 있습니다. 자신이 가입한 연금저축계좌가 어느 금융기관의 계좌이냐에 따라 확정형 연금과 종신형 연금으로 구분되며 연금수령 기간과 적용세율이 달라지게 된다는 점은 반드시 기억해야 합니다.

● 확정형 연금과 종신형 연금 구분

구분	나이(연금수령일 현재)	세율
확정형 연금 (55~70세 미만 5.5%, 70~80세 미만 4.4%, 80세 이상 3.3%)	만 70세 미만	5.5%
	만 70세 이상 만 80세 미만	4.4%
	만 80세 이상	3.3%
종신형 연금* (80세 미만 4.4%, 80세 이상 3.3%)	만 80세 미만	4.4%
	만 80세 이상	3.3%

*종신형 연금은 생명보험회사만 판매

● 연금 종류별 부과세금 및 세율 요약

연금 종류		세금	세율
국민연금		종합소득세	6.6~46%
퇴직연금	퇴직금	퇴직소득세	6.6~46%
	IRP(본인 추가 납입액)	연금소득세	3.3~5.5%
개인연금	연금저축	연금소득세	3.3~5.5%
	(구)개인연금	–	–
	연금보험	–	–

연금저축계좌 중 연금을 사망 직전까지 받을 수 있는 종신형 연금을 선택하고자 하는 사람이라면 생명보험사의 연금저축보험을 선택하는 것을 추천합니다. 생명보험사의 연금저축보험은 만 55세 이후 연금수령 시 종신토록 수령이 가능하기 때문입니다. 그러나 손해보험사에서 가입한 연금저축보험의 경우 최대 25년까지만 확정형으로 연금을 지급하기 때문에 종신토록 수령할 수 없다는 차이점이 있습니다.

이렇듯 동일한 금액을 동일한 기간 동안 납입했다고 하더라도 어떤 상품을 선택했느냐에 따라 연금을 확정형으로 받느냐 종신형으로 받느냐 달라집니다.

연금저축은 다른 상품들보다
세제 혜택이 많나요?

연금저축은 2019년 현재 판매되고 있는 절세 상품 중 세금환급 효과가 가장 높은 상품이라고 할 수 있습니다. 연금 상품의 가장 기본적인 기능인 연금자산을 쌓아가는 기능과 더불어 직장인들에게는 13월의 보너스라 불리는 연말정산 시에도 가장 많은 세금환급을 해주기 때문입니다. 그동안 소득공제가 가능한 상품으로 알려진 소장펀드나 청약저축 등과 비교를 해보더라도 세금환급금액은 상당한 차이를 보입니다. 연금저축계좌는 연간 400만 원 기준으로 16.5%(연소득 5,500만 원 이하자) 또는 13.2%(연소득 5,500만 원 초과자)를 적용해 세금환급을 해주기 때문입니다.

연금저축 400만 원	소득공제장기펀드 600만 원 (~2015년 말, 판매 종료)	청약저축 240만 원
660,000원 =연 16.5%의 정기예금수익과 동일	납입금액의 40%까지만 공제를 해주기 때문에 396,000원 (지방세 포함 소득세율 16.5%)	납입금액의 40%까지만 공제를 해주기 때문에 158,400원 (지방세 포함 소득세율 16.5%)

※ 연간 세금환급 최고 한도 납입 가정 시

　　절세가 곧 수익률입니다. 세금환급으로 16.5%를 돌려받는 것은 마치 1년짜리 정기예금 16.5%를 가입한 효과와 같다고 할 수 있습니다. 초저금리 시대에 세액공제로 16.5%의 수익을 얻는 효과와 함께 연금저축계좌 상품 내에서 발생한 수익률까지 더한다면 노후 자금 마련이 조금 더 쉬워지게 됩니다.

　　세제 혜택의 한도가 제법 큰 소득공제장기펀드의 경우를 보면 600만 원 한도에서 40%를 공제 적용합니다. 따라서 600만 원을 모두 납입한 경우 금액의 40%인 240만 원이 공제대상금액이 되는 것입니다. 여기에 16.5%의 세율을 곱하면 39만 6천 원이 계산되는데 바로 이 금액이 환급받을 수 있는 최종 금액입니다. 연금저축계좌에서 받을 수 있는 환급액인 66만 원과 비교하면 상당한 차이가 있습니다.

　　청약저축의 경우도 마찬가지입니다. 납입금액 중 240만 원 한도에서 40%를 적용합니다. 따라서 96만 원의 16.5%인 15만 8,400원을 실제로 연말정산 시 돌려받게 됩니다. 청약통장의 금리가 한때 4.5% 정도 되던

연도	세액공제한도	연소득	세액공제율	절세금액(원)
2014년	400만 원	상관 없음	13.2%	52만 8천 원
2015년 이후	700만 원 (IRP 포함 시)	5,500만 원 초과	13.2%	92만 4천 원
		5,500만 원 이하	16.5%	115만 5천 원

시기에는 목돈마련을 위한 안전한 상품의 대명사로 손꼽혔습니다. 하지만 청약통장은 노후 자금으로 사용하는 통장이 아니며 예전만큼 금리(청약저축 현재 금리 1~1.8%)의 메리트가 있는 것이 아니기 때문에 세제 혜택과 노후 자금 마련으로는 연금저축계좌가 유리합니다.

연금저축 제도가 변경되기 이전 세액공제한도는 연소득에 상관없이 모두 13.2%를 적용했습니다. 그러나 연소득 5,500만 원 이하 근로자들(또는 종합소득 4천만 원 이하)의 노후 자금 마련을 독려하고 세제 혜택을 부여하기 위해 5,500만 원 구간을 기준으로 이하 근로자는 16.5%를 적용, 초과자(또는 종합소득 4천만 원 초과)는 그대로 13.2%를 적용하고 있습니다.

또한 연금계좌에 개인형퇴직계좌(IRP)도 추가되었습니다. 연금저축계좌와 IRP에 납입한 금액을 합산해 최대 700만 원 한도로 세액공제를 적용해주기 때문에 2015년 이전에 비해 그 혜택은 더욱 커졌다고 할 수 있습니다.

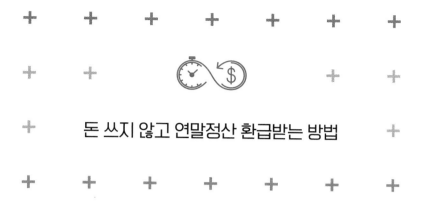

돈 쓰지 않고 연말정산 환급받는 방법

직장인들에게 13월의 보너스라고 불리는 '연말정산 정산금액'이 쏠쏠한 보너스처럼 느껴지는 것은 사실입니다. 그러나 연말정산으로 돈을 돌려받기 위한 소득공제와 세액공제를 자세히 살펴보면 대부분의 항목들이 돈을 먼저 쓰고 나중에 돌려받는 구조로 되어 있습니다.

예를 들어 자녀 3명을 낳은 경우 다자녀 추가 세액공제로 60만 원(2명 이하 1인당 15만 원, 3명부터 1인당 30만 원), 병원비 550만 원 지출 시 의료비 세액공제 60만 원(의료비 세액공제 15%, 총급여의 3%를 초과하는 의료비 기준), 기부금 400만 원 납부로 기부금 세액공제 60만 원(지정기부금 세액공제 15%), 마지막으로 교육비 400만 원 지출(교육비 세액공제 60만 원, 교육비 세액공제 15%, 1명당 한도 연 300만 원 한도) 등 소득공제와 세액공제 항목을 맞추기 위해서는 지출을 해야만 합니다.

그러나 연금저축계좌는 그 성격이 조금 다릅니다. 오히려 연금계좌에 저축금액이 쌓이면 쌓일수록 세액공제로 돈을 더 많이 돌려받는 구조이기 때문입니다. 자신의 노후를 위한 저축을 통해 연 1,800만 원 한도로 납입하게 되면 이 중 연 400만 원 한도로 세액공제를 적용해 66만 원을 돌려받게 됩니다. 노후 자금도 쌓이고 연금저축계좌 덕분에 연말정산 시 '연금보너스 66만 원'을 받게 됩니다. 연말정산의 여러 항목들이 돈을 소비해야만 나중에 정산 시 돌려주는 항목이지만 연금저축계좌는 노후 자금을 모으면서 세액공제도 누릴 수 있는 일석이조 상품입니다.

연금저축은 국민연금과 어떻게 다른가요?

연금저축계좌는 국민연금의 사각지대를 문제없이 이어주는 희망의 다리 역할을 합니다. 국민연금은 대부분 60~65세에 수령하게 됩니다. 2013년부터 5년마다 1세씩 연장되기 때문에 2033년부터는 만 65세가 되어야 연금을 수령할 수 있습니다. 국민연금의 연금수령 시기는 만 65세이지만 연금저축계좌는 최소한 5년 이상 가입해 유지하고 만 55세 이후부터 연금으로 수령하도록 되어 있습니다. 국민연금보다 10년 빠른 만 55세부터 수령할 수 있도록 설계되어 있어 국민연금 수령 전에도 안정적인 노후생활을 가능하게 합니다.

연금저축계좌는 가입 연령 제한이 없습니다. 따라서 태어나자마자

● 국민연금수령 개시 연령

출생 년도	1953~ 1956년생	1957~ 1960년생	1961~ 1964년생	1965~ 1968년생	1969년생 이후
수령 개시 연령	61세	62세	63세	64세	65세

바로 노후 자금 마련 준비를 시작할 수 있는 유일한 금융 상품입니다. 예를 들어 만 35세의 성인이 연금저축계좌 상품을 가입해 꾸준하게 납입한다면 매년 16.5%의 세액공제로 환급을 받으면서 20년간 노후 자금을 만들어갈 수 있습니다. 따라서 초등학생도, 대학생도, 주부도, 모두가 가입해 노후 자금 마련을 할 수 있는 상품인 것입니다.

만 55세가 되어 연금을 개시해 최소 10년 이상 연금수령이 가능하기 때문에 국민연금을 수령하는 시기인 만 65세까지의 소득 공백기를 최소화할 수 있습니다.

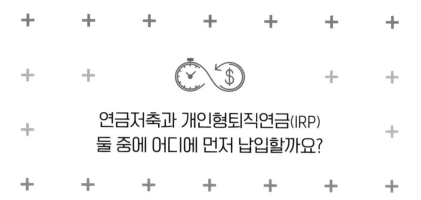

연금저축과 개인형퇴직연금(IRP)
둘 중에 어디에 먼저 납입할까요?

연금저축과 IRP의 세액공제한도 차이를 알고 나면 관리의 편의를 위해 2가지 상품에 나눠서 납입하는 것보다 IRP 상품에만 700만 원을 납입하는 것이 낫지 않을까라는 생각을 할 수 있습니다. IRP와 연금 관련 제도 등 조금씩 변경이 되고 있지만 아직까지는 IRP보다 연금저축을 우선 활용하라고 권합니다.

　IRP는 연금저축(특히 연금저축펀드계좌)에 비해 접근성, 기능, 투자종목 선택 문제에 있어 부족한 편입니다. 연금저축은 대부분의 은행, 보험사, 증권사를 통해 가입하고 관리할 수 있습니다. IRP는 취급기관 자격이 연금저축보다 까다로워서 은행이나 보험사, 증권사 중에서 비교적 대

● 연금저축 vs. 개인형퇴직연금(IRP)

구분	연금저축(보험, 신탁, 펀드)	개인형퇴직연금(IRP)
금융기관	대부분의 보험사, 은행, 증권사에서 취급	보험사, 은행, 증권사 중에서 비교적 대형 금융사만 취급가능
기능	연금저축보험(생명보험회사) 종신연금수령 가능	종신연금수령 불가
펀드 라인업	연금저축펀드계좌 IRP에 비해 다양한 펀드 구성	주식 편입 비율에 제한이 있어 연금저축펀드계좌에 비해 펀드 종목 적음
수수료	연금저축펀드계좌 펀드 판매 수수료, 보수	펀드 판매 수수료, 보수 운용관리 수수료 자산관리 수수료 *수수료 더 높음
중도 부분 인출	세액공제 받지 않은 금액 중도인출 가능	중도인출 불가

형회사들만 취급이 가능합니다. 연금저축보험의 경우 연금을 종신토록 수령이 가능하고 최저보증이율을 보장받을 수 있는 장점이 있습니다.

IRP는 그렇지 못합니다. 또한 IRP는 투자 가능한 펀드가 연금저축펀드들에 비해 다양하지 않습니다. IRP와 연금저축펀드계좌의 펀드 라인업을 비교해보면 IRP는 주식 편입 비율에 대한 규제가 있어서 연금저축펀드계좌에 비해 고를 수 있는 펀드의 종류가 적고 기대할 수 있는 수익률도 한계가 있습니다.

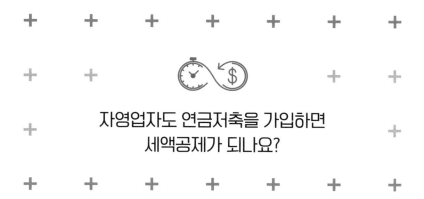

자영업자도 연금저축을 가입하면
세액공제가 되나요?

자영업자들은 근로자들에 비해 상대적으로 소득공제나 세액공제를 받을 수 있는 항목이 적습니다. 결론적으로 연금저축은 자영업자(사업소득자)도 세액공제를 받을 수 있습니다.

자영업자에게도 연금저축은 좋은 노후 준비용 금융 상품입니다. 자영업자는 근로자들과 달리 퇴직금이 없는 경우가 대부분입니다. 자영업을 하며 소득을 일반적으로 실제보다 낮게 축소 신고하는 경우가 많고 국민연금 납부금액이 생각보다 적어 나중에 국민 연금수령액이 적어 안정적인 노후를 기대하기 어려운 사람들이 많습니다. 이렇게 노후 준비가 취약할 수 있는 상황에서 연금저축은 노후 준비를 위한 좋은 대안이 될 수 있습니다.

사업을 하면서 세액공제 받지 않은 납입원금은 언제든 필요할 때 찾아 쓸 수 있습니다. 수익금에 대해서는 연금으로 수령 시 3.3~5.5%의 저율과세, 일시금 수령 시 16.5%로 분리과세 적용이 됩니다. 자영업자의 경우에도 연금저축을 가입하고 꾸준한 불입과 세제 혜택을 누려야 합니다.

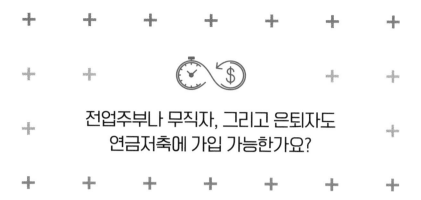

전업주부나 무직자, 그리고 은퇴자도
연금저축에 가입 가능한가요?

가능합니다. 물론 세액공제 혜택을 보는 직장인이나 자영업자에 비해 상대적으로 매력이 떨어질 수는 있지만, 연금저축은 비세액공제자들도 관심 가져야 할 이유가 있습니다. 연금저축 가입 후 중도에 해지하지 않고 연금으로 수령하기만 한다면 세액공제 받지 않은 납입원금의 수시 인출이 가능하고 과세이연, 저율과세, 분리과세 혜택만으로도 충분히 매력적인 상품이기 때문입니다.

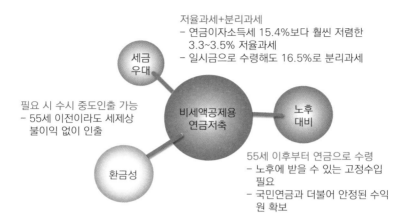

저율과세+분리과세
- 연금이자소득세 15.4%보다 훨씬 저렴한 3.3~3.5% 저율과세
- 일시금으로 수령해도 16.5%로 분리과세

필요 시 수시 중도인출 가능
- 55세 이전이라도 세제상 불이익 없이 인출

55세 이후부터 연금으로 수령
- 노후에 받을 수 있는 고정수입 필요
- 국민연금과 더불어 안정된 수익원 확보

연금저축을 어린 자녀들이 가입해도 되나요?

자녀의 교육자금 및 결혼자금 심지어 자녀의 노후 걱정까지, 이러한 고민에서 자유로운 부모가 있을까요? 부모들은 자녀를 위해 어떤 금융 상품을 가입해야 좋을지 늘 고민합니다. 연금저축은 질문에 대한 가장 좋은 답입니다.

연금저축을 자녀명의로 가입하고 부모가 불입해주는 것은 자녀에게 자산을 물려주는 합법적인 증여수단이 될 수 있습니다. 현재 자녀에게 증여세 부담 없이 증여할 수 있는 증여세액 공제한도는 미성년자는 2천만 원, 성년자녀는 5천 만 원입니다. 자녀들은 소득이 없기 때문에 자녀명의 연금저축에 불입을 해도 세액공제를 받을 수 없습니다. 그 때문에

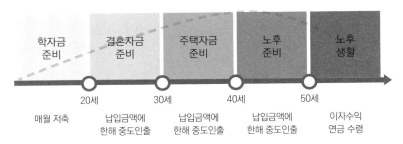

● 자녀들에게 추천하는 연금저축

학자금 준비	결혼자금 준비	주택자금 준비	노후 준비	노후 생활
	20세	30세	40세	50세
매월 저축	납입금액에 한해 중도인출	납입금액에 한해 중도인출	납입금액에 한해 중도인출	이자수익 연금 수령

납입원금 한도에서는 언제든지 자유롭게 인출이 가능합니다. 자녀에게 학자금 용도로 목돈이 필요하거나 독립자금이 필요할 때 연금저축에서 인출해서 활용하면 됩니다. 자녀가 사회생활을 시작하고 소득활동을 하게 되면 이때부터는 당연히 세액공제가 가능합니다.

연금저축을 통해 장기간 자녀에게 경제 관념을 심어줄 수 있고, 납입 원금에 대해선 중간에 필요할 때 자유롭게 인출을 할 수 있습니다. 또한 소득활동을 할 때는 세액공제 혜택을 받고 장기간에 걸쳐 과세이연과 저율과세 혜택을 받을 수 있습니다. 그리고 투자수익을 키울 수 있고 노후 준비까지 일찍 시작할 수 있다는 점에서 자녀명의로 연금저축을 가입하는 것은 좋은 투자 방법입니다.

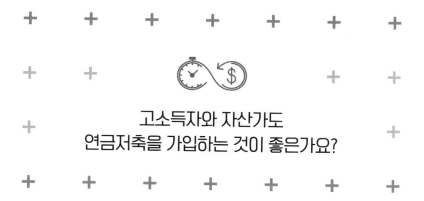

고소득자와 자산가도
연금저축을 가입하는 것이 좋은가요?

그렇습니다. 세금은 수입이 많은 사람이 가장 고민하는 부분입니다. 소득이 많고 자산이 많다면 자연스럽게 세금도 많아지기 때문입니다. 고소득 자산가도 앞서 말한 세액공제, 과세이연, 저율과세, 분리과세 등의 연금저축의 모든 절세 혜택을 활용할 수 있습니다.

다만 일반 직장인에 비해 조금 더 챙겨야 할 것들은 있습니다. 바로 금융소득종합과세를 고려해야 한다는 점입니다. 또한 연간수입이 많기 때문에 일반인에 비해 세액공제한도금액(연간수입 1억 2천만 원 초과 시 또는 종합소득 1억 초과 시 세액공제 300만 원 한도, 일반인은 400만 원)이 적습니다. 연금수령 시에도 다른 소득이 많을 가능성이 있기 때문에 연금저축과 개인퇴직계좌(IRP)를 합산해서 1,200만 원을 넘기지 않도록 전략을 세워야 합니다. 고소득자가 고려할 사항은 다음과 같습니다.

1. 금융소득 종합과세 고려하기: 연간이자, 배당소득이 2천만 원을 넘지 않아야 함
2. 절세 상품 가입 시 자격 조건을 확인하기: 소득 규모에 따라 가입이 어려울 수 있고 적용되는 혜택이 다름
   - 청약종합저축: 총급여 7천만 원 이하 무주택세대주만 공제 가능
   - 연금저축: 연간 총급여 1억 2천만 원 또는 종합소득 1억 원 초과 자 300만 원 한도 세액공제(일반인보다 100만 원 낮음)
3. 연금저축 활용 시: 세액공제 연간 한도(연금저축 400만 원 또는 300만 원, IRP 700만 원(연금저축납입금 포함))를 고려하고 세액공제한도 초과 불입을 통해 저율과세, 분리과세 혜택을 활용. 세액공제한도 금액을 초과해 불입하고, 연간납입액 한도 1,800만 원을 최대한 활용. 일반적인 금융 상품이자, 배당소득세 15.4% 대신 연금수령 시 5.5~3.3%, 일시금 수령 시 16.5% 적용(금융소득종합과세 회피)

만약 금융소득이 연간 2천만 원이 넘게 되면 다른 종합소득(근로·사업·연금·기타소득)과 합산해 세금을 계산하는 금융소득종합과세를 적용받게 되어 세율은 최소 15.4~ 46.2%까지 늘어나게 됩니다. 15.4% 세율이 아닌 15.4~46.2%의 세율은 자산가에게도 상당히 부담스럽습니다. 연금저축 상품은 이러한 고민을 하는 자산가에게도 좋은 대안 중

● 고소득자 vs. 저소득자

고소득자

저소득자

하나입니다.

연금저축을 통해 불어난 금액에 대해선 연금수령 시(연간 1,200만 원 한도로 수령 시) 5.5~3.3%의 낮은 세율이 적용됩니다. 일시금으로 수령 시에는 16.5%의 세율이 적용됩니다. 이때 수령금액에 대해서는 다른 금융소득과 합산되지 않습니다. 연금저축은 분리과세로 종결 처리되기 때문에 다른 금융소득과 합산되어 계산되지 않아 금융소득종합과세를 피할 수 있습니다.

세액공제를 받지 않은 금액에 대해 인출할 때는 별도 벌금조항이나 세금이 없어 인출도 자유롭습니다. 단지 해당 금액에서 발생한 이자에 대해서만 연금수령 시 3.3~5.5%의 세율을 적용하고 일시금으로 수령할 때는 16.5% 세율을 적용합니다. 연금저축은 연간 납입 최대 한도가 1,800만 원입니다.

만약 금융소득종합과세를 걱정하는 30세 소득자가 55세까지 25년간 한도만큼 최대로 납입한다면 최대 4억 5천만 원(=1,800만 원×25년)까지 납입할 수 있습니다. 이렇게 하면 전체 금융자산 중 4억 5천만 원은 금융소득종합과세를 피할 수 있는 상당히 큰 절세 주머니가 되는 것입니다. 또한 결혼을 한 사람이라면 배우자에게 적절히 증여(배우자증여공제 6억 원 한도)해서 분산투자 하면 9억 원을 절세 주머니로 만들 수 있습니다.

연금저축은 현재 금융소득이 많아서 금융소득종합과세를 걱정하는 사람 또는 금융자산이 빠르게 늘고 있어서 앞으로 금융소득종합과세가 걱정되는 사람들에게 아주 좋은 절세 피난처를 제공해줍니다.

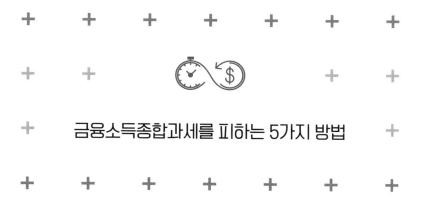

금융소득종합과세를 피하는 5가지 방법

"절세와 탈세는 종이 한 장 차이"라는 말이 있습니다. 세금 부담을 줄이고 싶어 하는 것은 모든 납세자들의 마음일 것입니다. 절세와 탈세는 세금을 덜 내는 것이라는 목적은 같지만 탈세는 엄연한 범죄행위입니다. 절세란 세법이 인정하는 범위 내에서 합법적으로 세금을 줄이는 행위를 말합니다. 세법의 테두리 안에서 세금을 줄일 수 있는 가장 좋은 방법을 찾는 것이 절세의 지름길입니다. 금융소득종합과세를 피하기 위한 5가지 방법에 대해 알아보겠습니다.

| 1 | 본인의 과세표준 확인하기

금융소득 외 다른 종합소득이 4,600만 원 이하 구간이라면 원천징수세율 15.4%와 비교해 큰 차이가 없습니다. 단, 세금 부담 증가는 없더라도 금융소득종합과세 대상자가 됨으로써 건강보험료, 국민연금 부담 증가 또는 세무조사 대상이 될 수 있다는 점을 고려해야 합니다.

| 2 | 비과세 또는 분리과세 상품 이용

조합 예탁금/출자금, 재형저축, 10년 이상 장기 저축성 보험 등 활용해 합산과세를 피합니다.

| 3 | 금융소득 귀속시기를 조절

금융 상품은 수익실현 시점에서 소득으로 산정됩니다. 금융소득종합과세는 연간소득을 기준으로 산정하기 때문에 금융소득종합과세에 해당될 것으로 예상된다면 가능한 이자소득과 배당소득을 올해 받을지 내년에 받을지, 더 나눠서 받을지 수령 시기를 적당하게 늦추거나 당겨야 합니다.

│ 4 │ 사전증여를 통한 금융 상품의 명의 분산

10년간 배우자 6억 원, 성년자녀 5천만 원, 미성년자녀 2천만 원, 기타 친족 1천만 원까지 증여세 부담 없이 증여가 가능합니다. 이를 활용해 적당하게 본인의 금융자산을 증여하고 이자, 배당소득을 줄이면 금융 소득종합과세를 피할 수 있습니다.

│ 5 │ 주식 관련 상품에 관심 갖기

국내주식(단, 상장주식의 장내거래이고 소액주주일 경우)의 매매차익이 비과 세입니다. 국내주식형 펀드의 수익 중 주식매매차익은 비과세입니다. 금융 상품에 투자할 때 국내주식과 국내주식형 펀드 투자 비중을 늘리 면 금융소득종합과세를 피하거나 줄일 수 있습니다.

세제적격과 세제비적격
상품에 대해 알려주세요

세제적격 상품은 매년 납입금액을 기준으로 일정비율을 계산해서 매해 연말정산을 통해 종합소득세를 줄여주는 상품입니다. 납입 중에는 세금을 줄여주지만 대신 중도해지를 하거나 나중에 원리금을 수령할 때 세금을 내게 됩니다. 현존하는 대표적인 세제적격 상품에는 청약종합저축, 연금저축, IRP, 소득공제장기펀드가 있습니다.

반면에 세제비적격 상품은 납입금액에 대해서는 세제 혜택이 없지만 납입금액으로 인해 불어난 이자소득에 대해 세금을 전액 면제해주는 혜택이 있습니다. 현존하는 대표적인 비과세 상품으로는 보험사의 10년 이상 장기 저축성 보험과 연금 상품이 있고, 그 외에 은행의 비과세저축

● 세제적격 상품 vs. 세제비적격 상품

세제적격 상품	세제비적격 상품
비과세 ×	10년 유지 시 비과세
소득공제(세액공제) ○	소득공제 ×
연금소득세 ○	연금소득세 ×

과 증권사의 브라질국채신탁이 있습니다.

둘 중에 어느 하나가 좋다는 개념이 아니라 개인이 저축과 투자를 할 때는 세제적격과 세제비적격 상품 모두 필요합니다. 일반적인 과세 상품보다 절세 측면에서 메리트가 있는 상품을 선택하는 것이 우선입니다.

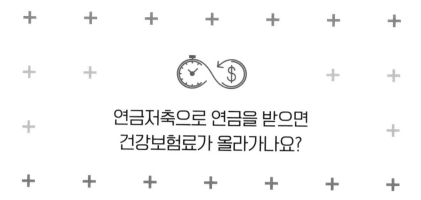

연금저축으로 연금을 받으면
건강보험료가 올라가나요?

국민건강보험료는 세금은 아니지만 세금처럼 꼭 납부해야 하는 준조세 성격을 지니고 있습니다. 일정 규모 이상의 재산과 소득이 있으면 세금처럼 매월 강제로 납부해야 합니다. 국민건강보험료는 피보험자의 재산과 소득 요건에 따라 더 내거나 덜 내기도 하고, 재산과 소득이 일정 규모 이하인 사람은 부양자인 가족을 통해 피부양자 자격으로서 따로 국민건강보험료를 내지 않아도 다른 가입자들과 똑같은 혜택을 누릴 수 있습니다. 이런 특징들 때문에 많은 사람들은 건강보험료 부담을 줄이는 것을 세금 줄이는 것 못지 않게 중요하게 생각합니다.

인구 고령화의 영향으로 국민건강보험료가 늘고 있으며, 무료로 건강보험 혜택을 보는 피부양자에 대한 자격 조건도 더 까다롭게 변하고 있습니다. 그러다 보니 국민건강보험료 부과제도에 대한 관심도 커지고 있습니다. 최근 건강보험료 부과 시 연금저축의 연금소득이 영향을 미치는지, 미치지 않는지에 대한 잘못된 정보로 인해서 연금저축 가입을 꺼리는 사람들을 심심찮게 볼 수 있습니다.

잘못된 정보란 연금저축을 가입하면 얻어지는 연금소득 때문에 건강보험료가 오르거나 은퇴하고서도 연금저축의 연금소득 때문에 피부양자 자격을 잃을 수 있는 등의 불이익을 당할 수 있으니 다른 상품을 가입하라는 내용입니다. 연금저축을 깎아내리고 다른 금융 상품을 판매하기 위해 틀린 정보를 유포하는 일부 금융회사 직원들의 잘못된 마케팅 때문은 아닌지 의심스럽습니다. 결론부터 말하자면 연금저축은 건강보험료 부과와 관련이 없습니다. 구체적인 내용을 대표적인 2가지 질문으로 알아보겠습니다.

| 1 | 연금저축을 가입해서 연금을 받으면
국민건강보험료가 오르나요?

아닙니다. 건강보험료를 부과할 때는 공적연금소득에 대해서만 지역건강보험료를 부과하고, 은행·보험사·증권사 등 금융기관을 통해 개인적으로 가입하는 사적연금 상품을 통해 발생하는 소득에는 국민건강보험료를 부과하지 않습니다. 연금저축을 가입해서 받게 되는 연금소득은 공적연금에 포함되지 않습니다.

현재 보험료를 부과하고 있는 소득은 「소득세법」의 종합과세소득과 공적연금소득입니다. 종합과세소득은 사업소득, 금융소득(이자+배당), 근로소득, 기타소득이고, 연금소득은 국세청 자료가 아닌 5대 공적연금자료로 부과합니다.

- 공적연금: 공무원연금, 군인연금, 사학연금, 별정우체국연금, 국민연금

보험료 부과에 적용하는 소득은 사업·기타소득인 경우 필요경비를 제외한 소득금액, 이자·배당소득금액은 해당 과세기간의 총 수입금액, 근로·연금소득은 필요경비적 성격의 소득공제를 하지 않은 총 수입금액을 적용합니다.

자료: 국민건강보험 사이버정보센터

| 2 | 연금저축을 가입해서 연금을 받으면 국민건강보험료 피부양자 자격을 잃게 되나요?

아닙니다. 연금저축으로 연금을 받아도 국민건강보험료 피부양자 자격을 유지할 수 있습니다. 국민건강보험료 피부양자 자격 조건은 직장가입자에 의해서 주로 생계가 유지되어야 하며, 재산과표가 5.4억 원 이하 또는 재산과표가 5.4억 원을 초과하면서 9억 원 이하인 경우는 연간소득 1천만 원 이하면 인정됩니다. 연금저축의 적립금액과 연금수령 시 연금소득은 여기서 말하는 재산과 소득 조건에 포함되지 않습니다.

국민건강보험 피부양자 대상

- 직장가입자에 의해 주로 생계를 유지하는 자

  - 직장가입자의 배우자, 직계존속(배우자의 직계존속 포함), 직계비속

    (배우자의 직계비속 포함) 및 그 배우자, 형제·자매

    ※ 2018년 7월부터는 형제·자매는 피부양자에서 원칙적으로 제외. 다만 경제적으로 자립한
    것으로 보기 어려운 30세 미만, 65세 이상, 장애인, 국가유공·보훈대상 상이자 등은 소득·
    재산·부양 요건에 해당되는 경우에는 피부양자로 계속 인정

- 부양요건에 충족하는 자

  - 피부양자 인정기준 중 부양요건 참조 [국민건강보험법 시행규
    칙 별표1]

  - 재산과표가 5.4억원 이하인 경우 인정, 또는 재산과표가 5.4억
    원을 초과하면서 9억원 이하인 경우는 연간소득 1천만 원 이하
    이면 인정

  - 형제·자매는 재산과표 1.8억원 이하이면 인정

- 보수 또는 소득이 없는 자

  - 피부양자 자격의 인정기준 중 소득 및 재산요건 참조 [국민건강
    보험법 시행규칙 별표1의2]

자료: 국민건강보험 사이버민원센터
[국민건강보험법 시행규칙 별표1의2]〈개정 2018.3.6〉

5장

연금저축 투자 노하우
따라 하기

부산에서 작은 카페를 운영하고 있는 40대 자영업자입니다. 노후 준비와 연말정산 세액공제를 위해 연금저축계좌에 가입하기로 결정했습니다. 여러 가지 고민 끝에 은행, 보험, 증권사 중 그래도 수익률이 높은 증권사의 연금저축펀드를 가입하기로 마음먹었습니다. 그런데 막상 연금펀드를 가입하려고 하니 어떤 펀드가 좋은 펀드인지, 안정적이면서 꾸준히 수익을 내주는 펀드는 없는지, 증권사 직원은 해외 투자 펀드를 권하던데 위험하지는 않는지, 어느 증권사에서 가입하는 게 좋은지 등 선택이 너무 어렵습니다. 큰 수익보다는 은행이자보다 높고 안정적인 수익률을 내주는 연금 펀드를 선택하고 싶은데 어떻게 골라야 할지 고민입니다. 그리고 나중에 연금 펀드를 어떻게 관리해야 하는지 연금저축펀드 투자 방법에 대해 알려주세요.

43세 자영업자 이명희 님의 사례

많은 사람들이 투자를 시작할 때 쉽게 범하는 오류가 있습니다. 그것은 바로 자신이 투자하는 펀드나 주식은 절대 마이너스가 되지 않을 것이라는 착각입니다. 하지만 모든 투자에는 수익이 발생할 수도 있지만 반대급부로 그만큼의 손실이 발생할 수 있습니다. 따라서 현재 투자를 하고 있거나 앞으로 투자를 계획하고 있다면 그에 앞서 기본적인 투자 원칙에 대해 알고 투자를 하는 것이 위험을 줄일 수 있는 방법입니다.

최소 5년에서 10년 이상 장기투자를 해야 하는 연금저축의 경우는 더욱 그렇습니다. 투자를 할 때 가장 먼저 해야 할 일은 위험의 수준과 기준수익률을 정하는 것입니다. 위험의 수준을 결정하는 것은 원금손실이 발생했을 때 어느 정도까지 참아낼 수 있느냐를 기준으로 합니다. 원금손실에 대해 민감한 투자자라면 기대수익은 낮아도 안정적인 채권형 펀드나 채권혼합형 펀드를 선택하고, 반대로 원금손실보다 수익률을 기대하는 투자자라면 예상수익이 높은 주식형 펀드나 주식혼합형 펀드를 선택하는 것이 좋습니다.

그다음으로는 기준수익률을 정해야 합니다. 기준수익률을 정해야 하는 이유는 흔들리지 않기 위해서입니다. 주식시장은 항상 오르내림을 반복해왔습니다. '투자는 심리'라는 말이 있듯이 오르내림이라는 변동성이 존재하는 주식시장에서 흔들리지 않기 위해서 기준을 정할 필요가 있습니다. 예를 들어 수익률이 +10%를 기록하면 환매를 통해 수익을 확정 짓는 식입니다. 보통의 투자자들은 플러스 수익률이 발생하면 그 펀드는 더 올라갈 것으로 생각해 아무런 행동도 하지 않습니다. 반대의 경우도 마찬가지이기 때문에 기준수익률을 정해놓고 그 기준에 따라 환매와 재투자를 반복해 투자합니다.

자산배분 또한 중요합니다. 자산배분은 각 자산이 가지고 있는 고유의 위험 수준과 기대수익률을 고려해 투자금을 배분해 투자하는 것을 말합니다. 이는 '포트폴리오 투자'라고도 합니다. 자산배분은 투자 종목을 잘 선택하는 것과 탁월한 매매 타이밍을 잡는 것보다 수익률에 더 많은 영향을 끼칩니다. "계란을 한 바구니에 담지 마라"라는 투자 격언처럼 다양한 자산에 나누어 투자할 때 위험은 낮추고 기대수익률은 높일 수 있습니다. 이번 장에서는 안정적인 노후 자산을 준비하고 지키기 위한 연금저축 투자 노하우에 대해 알아보도록 하겠습니다.

연금저축 투자원칙 이해하기

| 1 | 노후는 저축이 아닌 투자로 준비하라

연금저축을 가입할 때 저축을 해야 할까요, 아니면 투자를 해야 할까
요? 주식이나 펀드 등 상품에 투자 경험이 전혀 없는 초보자가 투자를
시작하는 것은 위험해 보일 수 있습니다. 그러나 조금이라도 공부한다
면 투자에 대해서 이해력이 생기고 약간은 쉽게 접근해볼 수 있습니다.
사실 연금저축을 가입하고 안정적인 상품에 운용해야 할지 적극적인
투자 상품으로 운용해야 하는지는 연금저축을 가입하는 그 목적 자체
에 답이 있습니다.

자산이 많고 소득이 높은 사람이라면 노후 생활비에 대한 걱정은 상대적으로 덜할 수 있습니다. 자산가들은 저축 하나만으로도 충분히 그들의 자산을 지킬 수 있는 상황에서도 항상 '투자'를 선택합니다. 하지만 자산가가 아닌 일반인의 선택은 다릅니다. 자산이 많지 않고 소득이 높지 않은 상황에서 노후 생활 자금에 대한 걱정을 할 뿐 적극적으로 투자에 나서지는 않는 경우가 대부분입니다.

자산도 부족한데 투자까지 하지 않는다면 노후 준비는 어떻게 하려는 것일까요? 앞 장에서 여러 번 언급했듯이 원금이 보장되는 대표적인 상품으로는 은행의 적금과 예금이 있습니다. 급하게 중간에 돈을 찾더라도 절대 원금손실이 발생하지 않습니다. 그러나 수익률은 낮을 수밖에 없습니다.

대안으로는 증권사를 통해 가입할 수 있는 채권인 국채에 투자하는 것입니다. 국채, 즉 국가가 발행한 채권의 경우 국가가 망하지 않고 만기까지 보유한다면 원금손실이 없습니다. 그러나 채권은 시장 상황 변동 따라 가격이 수시로 변동되기 때문에 중도에 매매하게 되면 약간의 손실이 발생할 수 있습니다. 약간의 손실 위험이 존재하기 때문에 보통 적금과 예금보다는 수익률이 조금 높은 편입니다. 수익률에는 항상 리스크가 따라오기 때문입니다.

다음으로는 회사에서 발행하는 회사채가 있습니다. 일반회사가 발행하는 채권은 당연히 국가가 발행한 채권보다 부도 위험이 높다고 할 수 있습니다. 따라서 회사채가 국가에서 발행한 국채보다 수익률이 높습니다. 그렇다면 회사채보다 위험하지만 수익률이 높은 투자에는 뭐가 있을까요? 바로 주식투자입니다.

　회사채는 회사의 부도 위험과 만기까지의 시간 위험으로 평가되지만 주식은 온갖 위험이 존재합니다. 주식의 경우 경기변동, 계절, 회사 매출, 상품의 수요공급, 마케팅, 경쟁 회사 상황, 회사경영진의 능력 등 수많은 변수들로 인해 가격 변동이 큽니다. 따라서 주식이 채권보다 위험성이 높고 수익률도 큰 것이 당연한 이치입니다. 앞에서 언급한 금융상품들을 기준으로 기대수익률과 위험 측면에서 순서를 정리해보면 다음과 같습니다.

정기예금 〈 국채 〈 회사채 〈 주식

　투자를 시작한다면 안정적인 채권에 투자해야 할까요, 아니면 주식에 투자해야 할까요? 적어도 주식에 투자하는 사람은 회사채보다 높은 수익률을 얻을 것으로 기대할 때 투자합니다. 왜냐하면 주식에 투자할 때는 회사의 수익성과 관련된 다양한 변수를 고려해 리스크 대비 투자 수익률이 높을 것이라 판단하기 때문입니다.

　이에 반해 회사채 투자는 단지 회사가 만기 전에 망하지만 않으면 확정 수익을 얻을 수 있습니다. 주식에는 수익도 있지만 리스크가 있고 채권은 안정적인 대신에 수익은 낮은 편입니다. 따라서 수익률과 위험률을 정리해보면 다음과 같습니다.

정기예금 이자율 〈 대출이자율 〈 회사채수익률 〈 주식수익률

수익률과 위험은 함께 움직입니다. 흔히 들어왔던 '고위험 고수익 저위험 저수익'은 투자의 세상에서는 당연한 논리입니다. 따라서 저축보다 투자가 기대수익률이 높습니다. 단, 투자에는 어느 정도 시간과 정성을 쏟아야 합니다. 따라서 장기간에 걸쳐 사용할 충분한 노후 자금을 모으기 위해 연금저축을 운용할 때는 투자는 선택이 아니라 필수입니다.

| 2 | 진짜 수익률을 확인하라

투자를 할 때는 반드시 항상 명목이자율이 아닌 실질이자율을 고려해야 합니다. 그리고 세금을 제외하고 실제 수령하게 되는 세후 수익률이 중요합니다. 명목이자율은 흔히 말하는 원금 대비 수익의 비율을 말합니다. 즉 단순히 겉으로 보이는 수익률을 말합니다. 보통 은행 적금과 펀드 등 금융 상품들의 수익률을 이야기할 때는 명목이자율을 말합니다. 그런데 명목이자율을 이야기할 때 반드시 함께 고려해야 하는 항목이 바로 물가상승률입니다.

명목이자율＝실질이자율＋기대 인플레이션율*

- 명목이자율(nominal interest rate): 화폐 단위로 원금과 이자를 계산한 뒤 양자의 비율에 의해 계산한 이자율
- 실질이자율(real interest rate): 재화와 서비스의 크기라는 실질 변수를 이용해 원금과 이자의 크기를 결정하고 이로부터 원금에 대한 이자의 비율을 계산해서 얻은 이자율

예를 들어 연수익률 4%인 금융 상품에 100만 원을 투자해서 1년 뒤
원금과 이자를 포함해 104만 원을 돌려 받았다고 가정해보겠습니다. 동
일 기간 물가상승률이 2%였다면 실제 수익률은 몇 %일까요? 물가상승
률을 감안하면 실질수익률은 2%입니다. 투자를 할 때 단순히 명목수익
률만 생각해선 안 되는 이유입니다.

특히 연금저축 상품에 납입하는 것처럼 장기투자를 할 때는 실질수익
률을 잘 따져봐야 합니다. 예를 들어 10년 동안 3%의 확정금리를 보장
하는 금융 상품이 있다고 가정해보겠습니다. 과연 3% 확정금리가 매력
적인 수익률일까요? 최근 저금리 기조 1년 예금 금리가 1.8~2.5%대 초
반인 것을 감안하면 꽤 매력적으로 보일 수도 있겠습니다. 하지만 물가
상승률을 1.5%라고 가정해보면 실질수익률은 매년 1.5%에 지나지 않
습니다. 따라서 투자수익률을 고려할 때는 단순한 명목수익률이 아닌
실질수익률에 집중해야 합니다.

| 3 | 72의 법칙을 알면 투자가 보인다

우리는 투자를 공부할 때 기초 중의 기초라고 하는 복리의 개념을 우선
이해해야 합니다. 복리는 일정 기간 이후에 원금과 이자를 합한 금액에
이자가 계속 불어나는 효과를 말합니다. 복리 효과를 제대로 이해하기

위해서는 우선 72법칙에 대한 이해가 필요합니다.

72＝수익률 × 복리 효과로 원금이 2배 되는 기간

72법칙은 72라는 숫자를 수익률로 나누면 원금이 2배가 되는 기간을 구할 수 있습니다. 72를 수익률 1.5%로 나누면 48년이 걸립니다. 현재 가입하고 있는 금융 상품 중 1.5%의 수익을 주는 상품에 10만 원을 넣어 놨다면 앞으로 48년을 묵혀 두어야 원금의 2배인 20만 원을 만들 수 있다는 뜻입니다. 다시 계산해서 명목수익률을 4.5%로 10년간 투자하고 그 기간 동안 물가상승률이 1.5%라면 '실질수익률(3%)＝명목수익률(4.5%)－물가상승률(1.5%)'가 됩니다. 이렇게 계산된 실질수익률 3%를 72법칙에 적용해서 계산해보면 다음과 같습니다.

72/3＝24

현재 노후 준비를 위해 10만 원을 납입하고 24년이나 기다려야 물가상승률을 감안해 20만 원 값어치의 돈을 만들 수 있게 됩니다. 지금까지 명목수익률 3%와 4.5%인 경우를 비교해보았습니다. 단지 숫자만 보면 최근 은행의 1년 만기 예적금 수익률에 비해 높기 때문에 좋아 보입니다. 무심코 보면 1.5%(3%-4.5%)의 보여지는 수익률의 차이는 작게 느껴질 수 있습니다.

하지만 연금저축 상품에 가입 시 물가상승률을 뛰어넘기 위해 적극

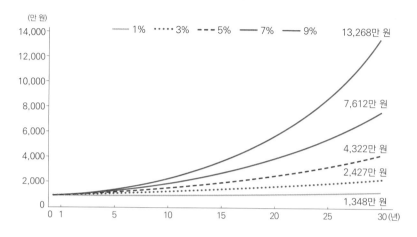

적으로 투자를 해야 합니다. 물가상승률 1.5%를 감안해서 실질수익률을 다시 계산해서 보면 명목수익률 3%는 실질수익률 1.5%가 되고, 명목수익률 4.5%는 실질수익률 3%가 됩니다. 실질수익률의 차이가 2배(3%/1.5%)입니다.

72법칙을 통해 계산해보면 두 수익률 차이로 인한 복리 효과 시간 차이는 24년(48년-24년)입니다. 인간의 수명이 100년이라고 볼 때 24년의 차이는 상당합니다. 명목수익률만 보고 안전하고 괜찮다고 믿는 2% 수준의 저축 상품(연금저축신탁, 연금저축보험)은 물가상승률을 감안한 실질수익률을 고려했을 때 다소 아쉬운 부분이 있습니다. 노후 자금을 준비할 때는 연금저축펀드를 활용해서 물가상승률을 감안한 적정한 실질수익률을 기대할 수 있는 적극적인 투자를 반드시 해야 합니다.

ㅣ4ㅣ 세후 실질수익률에 주목하라

예를 들어 1년 만기 세전 3% 금융 상품에 가입했습니다. 이자를 받을 때 이자소득세 15.4%를 떼고 나면 세후 수익률은 2.538%가 됩니다. 결국 0.462%는 세금으로 사라진다는 뜻입니다. 1년 동안의 물가상승률이 1.5%라고 가정하면 다음과 같이 계산을 해야 합니다.

세후 실질수익률(1.038%) =

명목수익률(3%) – 물가상승률(1.5%) – 세금(0.462%)

앞에서 공부한 72법칙을 다시 한 번 활용해보겠습니다.

72/1.038=69.4년

명목수익률이 3%인 금융 상품에 10만 원을 넣어두었다면 69.4년이 지나야 20만 원이 되는 셈입니다.

명목이자율에서 물가상승률과 세금까지 고려해 계산하니 확연한 차이가 생깁니다. 게다가 투자수익률이 낮을수록 물가상승률과 세금의 영향을 더 많이 받는 것을 확인할 수 있습니다. 따라서 투자를 선택할 때는 세후 실질수익률을 따져보는 습관을 가져야 합니다.

가정 물가상승률 1.5%, 세금 15.4% 부과	원금이 2배 되는 데 필요한 시간
투자수익률이 7%라면, 세금 1.078%(7×0.154) 세후 실질수익률은 4.422%=7%(투자수익률)-1.5%(물가상승률)-1.078%(세금) 72법칙에 대입해보면 72/4.422=16.28	16.28년
투자수익률 5%라면 세금이 0.77%(5×0.154) 세후 실질수익률은 2.73%=5%-1.5%-0.77% 72법칙에 대입해보면 72/2.73=26.37	26.37년
투자수익률 3%라면 세금이 0.462%(3×0.154) 세후 실질수익률은 1.038%=3%-1.5%-0.462% 72법칙에 대입해보면 72/1.038=70.96	70.96년

| 5 | 투자와 리스크 프리미엄

명목수익률에서 물가상승률과 세금을 고려한 수익률이 실질적인 수익률이라고 앞에서 공부했습니다. 다음은 리스크 프리미엄을 반영하는 단계입니다. 리스크 프리미엄(risk premium)이란 '위험을 대가로 지불되는 보상'입니다. 다르게 표현하면 위험에도 정도가 있어서 가격으로 정할 수 있다는 뜻입니다. 투자 상품을 선택할 때는 반드시 상품에 존재하는 리스크 프리미엄을 고려해야 합니다.

만약 리스크 프리미엄이 존재하지 않는다면 리스크가 전혀 없는 투자 방식이기 때문에 반대로 수익률이 낮습니다. 만약 위험수준이 동일하다면 수익률이 조금이라도 더 높은 상품을 선택해야 합니다. 예를 들

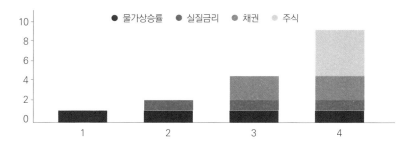

어 주식형 펀드가 오랜 기간 동안 채권형 펀드보다 수익률이 낮다면 갈아타야 되는 것처럼 채권형 펀드가 예적금 상품보다 수익률이 낮은 상황이 지속된다면 포트폴리오를 변경해야 합니다.

채권형 펀드에 투자할 때는 최소한 물가상승률과 시중은행 예적금 금리보다 높은 수익률을 추구해야 합니다. 주식형 펀드에 투자할 때는 채권형 펀드보다 더 큰 위험을 무릅써야 하기 때문에 적어도 3% 이상 수익률을 기대합니다. 그렇지 않다면 위험(비용) 대비 효과가 없습니다. 예를 들어 물가상승률이 1.5%라고 한다면 은행 예금은 2.5% 이상 되어야 하고, 채권형 펀드는 적어도 4~5%는 되어야 합니다. 주식형 펀드는 8~12% 정도 수익을 만들어야 투자의 효과가 있습니다.

재무 상담을 신청해 찾아온 고객들 중에는 가끔 고금리 대출을 가지고 있는 상황에서 대출을 먼저 갚지 않고 예적금에 저축하거나 저축성 보험에 납입하는 경우가 있습니다. 이는 당연히 잘못된 선택입니다. 대출을 갚지 않으면서 저축이나 투자를 할 때는 최소한 대출이자율보다 높은 수익을 기대할 수 있는 투자를 해야 됩니다. 그렇지 않은 투자라면 금리가 높은 대출을 상환하는 것이 먼저입니다.

| 6 | 과거 투자자산별 수익률 통계를 확인하자

다음 페이지의 그래프는 1926년 1달러를 투자했을 때 2015년 12월까지 수익률 변동이 얼마나 되었는가를 보여줍니다. 90년간 물가(Inflation)가 13배 오르는 동안 안전자산인 미국국채(Treasury Bill)에 투자했을 때 원금 대비 21배 증가되었고, 주식자산인 소형주(Small Cap Index)에 투자했다면 원금의 16,743배가 증가된 걸 확인해볼 수 있습니다.

그다음 그래프는 1986년 1월부터 2017년 12월까지 우리나라의 투자자산별 수익률을 나타내고 있습니다. 32년간 물가가 3.2배 올랐고 그사이 안전자산이라 할 수 있는 정기예금은 14.5배, 위험자산이라 할 수 있는 주식시장은 22.2배가 증가했음을 확인할 수 있습니다.

미국과 우리나라의 투자자산별 수익률 추이 그래프를 보면 안전자산(국채·예금)은 완만하고 안전하게 우상향을 하고 있지만 그만큼 수익률이 낮았습니다. 반면에 위험자산(주식)은 그래프가 위아래로 변동성이 크지만 결국에는 수익률이 높았습니다. 리스크는 존재하지만 리스크를 관리하면서 고수익을 누릴 수 있는 투자에 관심을 가져야 하는 이유입니다.

● 미국 1달러 투자 시 수익률 변동

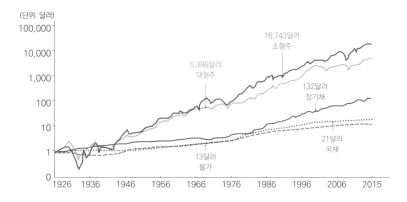

※ 1926년 각 자산에 1달러 투자를 가정, 기간: 1926년 1월~2015년 12월

자료: Dimensinal Fund Advision

● 한국 투자자산별 수익률

※ 1996년 1월 각 자산에 100원 투자를 가정, 주식투자는 배당을 포함해 재투자 가정, 부동산은 매매차익+
현금흐름(전세금 예금 수익률×매매가격 대비 전세가격 50%로 추정)
※ 기간: 1985년 1월~2017년 12월 간 데이터

자료: 삼성자산운용, 블룸버그, DataGuide, 한국은행, KB부동산

연금저축을 효율적으로 관리하는 방법

"구슬이 서 말이라도 꿰어야 보배"라는 말이 있습니다. 아무리 좋은 것을 가지고 있더라도 그것을 잘 활용하고 관리해야 한다는 것을 뜻합니다. 연금저축 또한 마찬가지입니다. 매월 돈만 납입한다고 끝나는 것이 아닙니다. 자신의 노후연금으로 활용될 수 있도록 꾸준히 가꾸고 관리해주어야 합니다. 보다 안정적인 노후생활을 위해 효율적인 연금저축 관리 방법에 대해 알아보겠습니다.

| 1 | 합리적 수준의 위험과 수익률을 설정하자

위험은 투자에만 존재하지 않습니다. '안전'이라는 단어 속에도 위험이 존재할 수 있습니다. 원금보장의 위험성은 무엇일까요? 원금보장 상품을 선택하는 것은 마이너스 상품을 선택하는 것입니다. 세상에 공짜 점심은 없습니다. 원금보장이 된다는 것은 어떤 위험도 감수하지 않는 것을 말합니다. 어떤 위험도 감수하지 않는데 수익이 있을 수 없고, 수익이 있다 하더라도 형편없이 낮을 수밖에 없습니다.

원금보장 상품이 있다면 상품의 기대수익률에서 물가상승률을 빼 보고 세금까지 빼고 고려해야 합니다. 결국 원금보장형 상품을 선택하는 순간 손실을 확정 짓는 상품을 선택하는 것입니다. 위험은 무조건 피하는 것이 아니라 관리하는 것입니다. 무턱대고 피해야 하는 대상이 아닙니다. 위험이 다소 존재하지만 분명한 혜택과 효용성이 있다면 선택하고 위험을 잘 관리해야 합니다.

가장 위험한 것은 위험 자체를 인지하지 못하는 것에서 시작됩니다. 눈으로 직접 보기 전이, 그리고 경험하기 전이 가장 무서운 법입니다. 투자에 대해서 그동안 눈감고 있었다면 이제부터는 반드시 공부하고 경험하길 바랍니다. 불과 10년 전만 해도 은행 예적금 금리가 5% 이상이었습니다. 그러나 앞으로는 어떨까요? 최근 우리나라의 경제성장률이 2~3%대에서 머물고 있다는 사실과 인구 고령화 상황을 감안했을 때 앞으로 그런 시기는 다시 오지 않을 것입니다.

보통 시중금리는 경제성장률과 연동됩니다. 우리나라는 이미 개발도 상국을 벗어나 선진국 대열에 들어서고자 노력하고 있습니다. 우리나라의 GDP 상승률은 예전처럼 높지 않습니다. 중진국의 함정에 빠진 것처럼 선진국 문턱을 쉽게 뛰어넘지 못하고 정체 중입니다. 나라의 금리는 아주 복잡하고 다양한 변수들로 결정되는 문제입니다.

그렇다면 개인들은 어떻게 해야 할까요? 기업, 정부, 연기금, 은행, 보험사를 벤치마킹해야 합니다. 투자자산에는 많이 위험한 것, 어느 정도 위험한 것, 덜 위험한 것 등 다양합니다. 효율적으로 분산해서 포트폴리오를 구성하는 것이 원금보장형 상품만 활용하는 것보다 안전한 투자입니다. 바로 이러한 투자의 원리를 바탕으로 연금저축신탁과 연금저축보험과 같은 안전하지만 확정된 저수익 상품 대신 연금저축펀드를 통해 적극적으로 투자해야 합니다.

| 2 | 연금저축도 자산배분 하라

자산배분이란 주식, 채권, 현금, 부동산, 원자재 등 자산마다 각기 다른 위험수준이나 기대수익률을 고려해서 투자자금을 적절하게 배분해서 나만의 포트폴리오를 구성해서 투자하는 것을 말합니다. 예를 들어 주식 30%, 채권 50%, 현금 20%처럼 자산마다 투자비율을 정하고 투자하는 것입니다.

다음 페이지의 표는 자산배분과 관련된 유명한 연구자료 중 하나입니다. 미국의 대형 연기금이 투자를 할 때 포트폴리오의 수익률에 가장 영향을 많이 미치는 것이 무엇인지를 살펴봤더니 자산배분이 90% 이

구분	91개 대형 연기금(1974~1983)	82개 대형 연기금(1977~1987)
자산배분	93.6%	91.5%
매매타이밍	1.7%	1.8%
종목선택	4.2%	4.6%
기타	0.5%	2.1%

출처: Brinson et al.(1986), Brinson et al.(1991)

● 수익을 결정짓는 요소

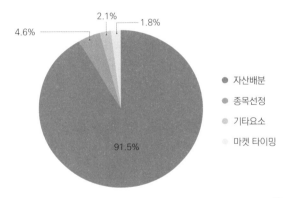

● 자산배분
● 종목선정
● 기타요소
● 마켓 타이밍

자료: 삼성자산운용

상을 좌우합니다. 보통 우리가 많은 관심을 갖는 매매 타이밍이나 종목 선택이 포트폴리오 수익률에 미치는 영향은 각각 2~5% 미만입니다.

물론 이 자료는 오래전 미국의 투자전문가들이 운용하는 대형 연기 금을 대상으로 한 연구이기 때문에 투자전문가도 아니고 미국 사람도 아닌, 우리나라 상황에 그대로 적용된다고 보기에는 어려움이 있겠지만 참고할 가치는 충분하다고 봅니다. 현재 자산운용에 참여하고 있는 대다수 투자전문가들이 자산배분 이론에 근거해서 분산의 중요성을 인식하고 실제 자산운용에 적용하고 있습니다. 우리가 매월 납부하는 국민연금과 적립식 펀드에 돈을 맡길 때마다 사전에 정해진 자산배분 비율 계획에 따라 투자되고 있습니다. 개인의 연금저축펀드계좌에 투자를 할 때 이러한 방식을 따라 하는 것도 좋습니다.

단지 최근 수익률이 높았던 펀드를 찾기에 앞서서 당신의 자산 중 부동산, 주식, 채권, 현금, 금 등의 실물자산을 몇 %의 비율로 나눠서 투자할지를 결정하는 것이 우선입니다. 그런 다음에 구체적으로 상품을 찾아야 합니다. 연금저축펀드계좌를 통해 투자할 때는 수익률 높은 펀드만 골라 담기보다는 국내·해외 주식, 채권 펀드 비중을 정하고 그 비율 내에서 괜찮은 펀드를 찾아 포트폴리오에 편입시켜야 합니다.

결국 개별 상품을 고르기보다는 큰 틀에서의 자산배분을 먼저 해야 한다는 뜻입니다. 예를 들어 연금저축펀드계좌의 자산배분 비중을 정한다면 다음 페이지 그래프처럼 따라할 수 있습니다.

큰 틀에서의 자산배분을 했다면 이제는 세부적인 상품을 선택하는 것입니다. 국내주식형 펀드(25%)와 해외주식형 펀드(25%)를 합해서 50%의 주식형 펀드, 국내채권형 펀드(25%)와 해외채권형 펀드(25%)가 합해져 50%의 채권형 펀드를 선택합니다. 그리고 국내주식형 펀드(25%)와 국내채권형 펀드(25%)를 합해 50%의 국내 펀드, 해외주식형 펀드(25%)와 해외채권형 펀드(25%)를 합해 50%의 해외 펀드로 구성합니다.

● 연금저축펀드계좌의 자산배분 비중

● 자산배분에 따른 연금저축펀드계좌 포트폴리오 예시

국내주식형 펀드 25%(추천펀드: 한국골드플랜네비게이터연금 주식형)
해외주식형 펀드 25%(추천펀드: 에셋플러스글로벌리치투게더연금 주식형)
국내채권형 펀드 25%(추천펀드: 동양하이플러스 채권형)
해외채권형 펀드25%(추천펀드: 미래에셋글로벌다이나믹연금 채권형)

| 3 | 위험은 낮추고 수익률은 올리는 펀드 관리

주식이나 채권 가격이 매일 변하듯이 펀드의 가격도 계속 변합니다. 투자와 관련된 격언 중에 "싸게 사서 비싸게 팔라"는 말이 있습니다. 당연한 말이고 쉬워 보이지만 실제로 실천하기는 어렵습니다. 언제가 상투(고점)이고 언제가 바닥(저점)인지는 경제학 박사나 유능한 투자전문가들도 정확하게 맞추기 어렵습니다. 저렴한 가격이 언제인지를 기다렸다

상승한 날	51.2%
하락한 날	48.7%
일평균 수익률	+0.04%

자료: 삼성자산운용(1980.1.4~2017.6.1)

가 절묘하게 살 수 있다면 좋겠지만 현실적으로 어렵기 때문에 적립식 투자를 하는 것입니다.

위의 표를 보면 내일 주식이 오를 확률과 내릴 확률이 사실상 5:5입니다. 내일의 주가 예측은 어렵습니다. 하지만 분명한 사실은 '일평균 수익률이 0 이상'으로 시장이 장기적으로 우상향한다는 것입니다. 따라서 장기적인 성장성을 믿고 펀드를 일정한 시간의 간격을 두고 적립식으로 나눠서 사면 코스트에버리징효과를 얻을 수 있습니다.

코스트에버리징효과(cost averasing effect)는 거치식 투자 대신 적립식 투자를 하면서 펀드를 매입해 평균 매입단가를 인하하는 효과를 말합니다. 매달 동일한 금액으로 사전에 정해놓은 날짜에 기계적으로 펀드를 매수하다 보면 자연스럽게 가격이 올랐을 때는 적게 사고 가격이 떨어졌을 때는 많이 사게 됩니다. 매일 변하는 가격에 신경 쓰고 시간 맞춰서 매매하지 않아도 단순히 적립식으로 꾸준히 매수하게 되면 전체적으로 낮은 가격에 펀드를 매수할 수 있게 해줍니다. 가격이 저렴할 때 매수해놓았기 때문에 조금만 가격이 올라서 수익을 얻을 수 있습니다.

예를 들어 김용술 님이 다음과 같이 매달 1천 원어치 사탕을 산다고 가정해보겠습니다. 5개월간 매달 샀다가 6개월 차에 그동안 사 모은 사

● 사탕 구입에 따른 수익률

구분	매월 사탕을 산 금액	사탕 가격	산 사탕 개수
1개월	1000원	250원	4개
2개월	1000원	200원	5개
3개월	1000원	100원	10개
4개월	1000원	200원	5개
5개월	1000원	200원	5개
합계	5000원	평균매입단가 172.41원	29개 (누적 사탕 개수)

● 사탕 가격 변화

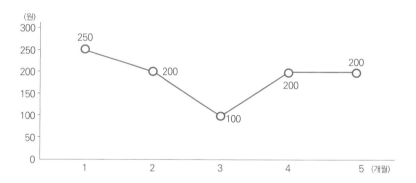

탕을 모두 그 당시 사탕 시세대로 팔았다면 김용술 님이 달성한 수익률
은 얼마나 될까요?

6개월 동안 꾸준하게 모아온 사탕의 평균 매입 단가는 172.41원입니
다. 계산식은 다음과 같습니다. '5000원/29개=172.41원'입니다.

① 여섯 번째 달 최종 사탕가격이 250원일 때

투자원금 5,000원

최종 사탕 판매액 29개×250원=7,250원

수익률 (7,250원-5,000원)/5,000원=0.45 → 45% 수익

② 여섯 번째 달 최종 사탕가격이 200원일 때

투자원금 5,000원

최종 사탕 판매액 29개×200원=5,800원

수익률 (5,800원-5,000원)/5,000원=0.16 → 16% 수익

③ 여섯 번째 달 최종 사탕가격이 100원일 때

투자원금 5,000원

최종 사탕 판돈 29개×100원=2,900원

(5,000원-2,900원)/5,000원=0.42 → 42% 손실

위의 3가지 상황을 보면 마지막 사탕을 팔 때 시세에 따라 수익률은 크게 달라집니다. 예시 ①을 보면 사탕 가격이 250원에서 시작해서 떨어졌다가 다시 처음의 250원으로 되돌아왔는데 가격이 떨어졌을 때 적립식으로 똑같은 금액으로 매달 나눠서 샀기 때문에 큰 수익률을 얻을 수 있습니다. 예시 ②에서 마지막 판 시세가 처음 샀을 때 시세에 못 미쳤는데도 100원일 때 싸게 사둔 사탕 덕분에 어느 정도 수익률을 얻을 수 있습니다.

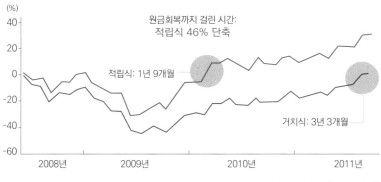

●2007년 금융위기 시, KOSPI 지수에 투자했을 경우

(%)

원금회복까지 걸린 시간:
적립식 46% 단축

적립식: 1년 9개월

거치식: 3년 3개월

2008년   2009년   2010년   2011년

자료: 2007년 10월~2011년 1월

　예시 ③ 상황을 보면 마지막 팔 때 가격이 평균 매입 단가인 172.41원에도 못 미쳐서 손실을 보게 됩니다. 우리가 적립식으로 투자할 때 이런 상황은 최대한 피해야 합니다. 그러기 위해서는 시간적 여유가 필요합니다. 다시 가격이 회복할 때까지 기다려야 되기 때문입니다. 그때 좀 더 수익을 높이려면 가격이 떨어졌을 때도 멈추지 않고 꾸준히 매수해야 합니다.

　결국 적립식으로 펀드를 꾸준히 매수한다면 코스트에버리징효과를 얻게 되어 적어도 가장 비싼 가격에 많은 돈을 투자하는 일은 피할 수 있다는 걸 알 수 있습니다. 또한 중간에 가격 변동이 있어 처음 가격에서 떨어졌다가 처음과 동일한 가격으로 회복되어도 어느 정도 수익률을 얻을 수 있다는 것도 알 수 있습니다. 그리고 갑자기 가격이 떨어지는 시점에는 손실이 날 수 있기 때문에 환매하기보다는 조금 더 시간을 두고 기다렸다가 더욱 저렴한 가격에 많이 살 수 있는 기회로 삼아야 하겠습니다.

연금저축펀드계좌를 운용할 때 적립식 투자를 적절하게 활용한다면 안전하면서도 괜찮은 수익률을 얻을 수 있습니다. 특히 채권형 펀드에 비해 상대적으로 위험한 주식형 펀드에 투자할 때는 적립식 투자 방법을 적극적으로 활용하는 것이 좋습니다.

정액분할 투자의 장점

- 일정 금액을 일정 기간별로 투자하는 매우 체계적이고 쉬운 방법입니다.
- 소액의 투자자금으로도 시작할 수 있는 편리한 방법입니다.
- 주가 하락 시 투자자금 전부를 한번에 투자하지 않도록 돕습니다.
- 주가나 금리가 저평가될 때보다 많이 투자하게 되고, 고평가되어 있을 때 적게 투자하도록 하는 방법이기 때문에 자연스럽게 시장 가격의 움직임과 반대로 투자하게 하는 효과가 있습니다.

  ※ 폭락하는 시장에서도 원래 세웠던 투자계획을 계속해서 지켜나가도록 하는 근거를 제공합니다.

정액분할 투자 시 주의사항

- 정액분할 투자가 손실을 방지하는 결정적인 방법은 아닙니다. 자산 가격이 하락했을 때 환매하면 손실이 발생합니다.
- 자산배분 전략이 잘못되어서 위험자산 비중이 과도하게 많다면 정액분할 투자를 하더라도 손실이 날 수 있습니다.

| 4 | 노후 자금을 절대로 잃지 마라

'오마하의 현인'이라고 불리는 워런 버핏은 투자에 대해 전혀 모르는 사람도 한번쯤은 들어봤을 만큼 전 세계적으로 가장 성공한, 유명한 투자 전문가입니다. 현재 버크셔 해서웨이라는 기업의 CEO이고, 2012년에는 세계에서 가장 영향력 있는 100인에 선정되었으며, 세계 부자 순위에서 늘 빠지지 않고 등장하는 부자입니다. 워런 버핏이 강조한 투자원칙은 다음과 같습니다.

> Rule No. 1 Never lose money(첫 번째 원칙, 돈을 절대로 잃지 마라).
>
> Rule No. 2 Never forget rule No.1(두 번째 원칙, 첫 번째 원칙을 절대 잊
>
> 지 마라).

투자를 할 때 꼭 주의해야 하는 것은 돈을 잃지 않도록 하는 것입니다. 투자를 시작했다면 항상 명심해야 될 원칙입니다. 원금보장형 금융상품을 벗어나 원금비보장형 상품에 투자를 시작하면 기대수익률은 당연히 올라가야 정상입니다. 그러나 수익률이 올라가는 만큼 필연적으로 손실의 위험도 함께 커지기 때문에 위험관리에 꼭 신경 써야 합니다.

투자를 통해 고수익을 내는 것도 좋지만 그만큼 큰 손실의 위험이 따라오기 때문에 차라리 고수익은 어느 정도 포기하더라도 적당한 수익을 꾸준하게 올리는 것이 더 중요합니다. 그 이유는 다음의 표를 통해서 확인할 수 있습니다.

시간	A. (연 6% 꾸준한 수익률)	B. (1년째 -10%)	C. (2년째 -10%)	D (3년째 -10%)	D (4년째 -10%)	E (5년째 -10%)
1년	6%	-10%	10%	10%	10%	10%
2년	6%	10%	-10%	10%	10%	10%
3년	6%	10%	10%	-10%	10%	10%
4년	6%	10%	10%	10%	-10%	10%
5년	6%	10%	10%	10%	10%	-10%
산술합계 수익률	30%	30%	30%	30%	30%	30%
실제수익률	33.82%	31.77%	31.77%	31.77%	31.77%	31.77%

위의 표는 손실 없는 꾸준한 수익의 중요성을 설명하고 있습니다. A~E라는 6명의 사람이 5년간 투자했다고 가정했습니다. 투자자 6명이 5년간의 매년 수익률 단순히 더한 산술합계 수익률은 30%로 모두 동일합니다. 다만 A는 매년 6%의 수익률을 5년간 꾸준히 낸 것이고, 나머지 B~E까지는 6%보다 4% 높은 10%의 수익률을 4년 동안 얻은 대신 5년 중 1번만 -10%의 손실이 났을 때를 가정했습니다.

결과는 A의 승리입니다. A는 5년 뒤 누적수익률 33.82%의 성과를 얻었지만 B~E까지 나머지 5명은 모두 31.77%에 그쳤습니다. 고수익을 내기 위해선 그만큼 위험이 늘어났습니다.

설명의 편의를 위해 5년이란 비교적 짧은 기간으로 한정하고 비교적 일정한 수익률을 예로 들었지만 기간이 길어지면 길어질수록 손실이 투

● 손실과 회복을 위한 최소 수익률

손실	원금 회복을 위해 필요한 최소 수익률
−5%	5.26%
−10%	11.11%
−30%	42.86%
−50%	100.00%
−70%	233.33%
−90%	900.00%

자기간 중 일찍 크게 발생한다면 누적수익률의 차이는 커지게 됩니다. 과도한 위험을 무릅쓰면서 외줄타기 투자를 하기보다는 손실 없이 적정한 수익률을 꾸준히 내도록 노력해야 하는 이유입니다. 연금저축펀드는 특히 장기간 투자하는 상품입니다. 연금저축펀드는 적절한 분산투자를 통해 적정한 기대수익률을 바라고 감당 가능한 만큼 위험을 무릅쓰며 투자해야 합니다.

위 표를 보면 5%의 손실이 발생했을 때 회복하기 위해 필요한 수익률은 최소 5.26%입니다. 10%의 손실일 때는 11.11%의 수익률만 얻는다면 손실극복이 가능합니다. 10%의 손실률에 1.11%의 수익만 더한 수익률을 얻을 수 있다면 회복가능 합니다. 하지만 30% 이상 손실이 발생했을 경우에는 무려 42.86%의 수익률이 필요합니다. 수치상 회복이 쉽지 않아 보입니다. 50%의 손실이 발생하면, 그 2배인 100%의 수익률을 달성해야 겨우 본전이 됩니다.

손실이 커질수록 원금회복을 위해서는 더욱 높은 수익률을 달성해야 합니다. 투자를 할 때 위험관리가 중요한 이유입니다. 투자에 수익이 있으면 당연히 리스크는 따라옵니다. 따라서 평상시 위험자산의 비중을 적당하게 조절하고 설정한 손실금액을 달성하면 과감히 손실을 확정하는 손절매도 염두에 둘 필요가 있습니다.

연금저축 모델 포트폴리오 따라 하기

축구는 11명이 하는 운동입니다. 그 안에 골을 넣는 공격수도 있고 반대로 상대편의 골을 막는 수비수와 골키퍼도 있습니다. 포지션별로 각자의 역할에 충실할 때 강팀이 될 수 있습니다. 저축과 투자도 마찬가지입니다. 수익을 내주는 역할을 하는 금융 상품이 있는 반면 반대로 안정적으로 자산을 지켜주는 역할을 하는 금융 상품이 있습니다.

이렇게 다양한 자산에 나누어 투자하는 것을 '포트폴리오 투자'라고 합니다. 연금저축계좌도 마찬가지로 포트폴리오 투자를 통해 보다 안정적으로 운용할 수 있습니다.

| 1 | 레이달리오 포트폴리오 따라 하기

레이 달리오(Ray Dalio)는 '투자업계의 스티브 잡스'로 불릴 정도로 영향력이 큰 사람입니다. 미국의 연방준비회 의장, 투자은행 대표, 미국 대통령, 세계 금융리더들은 달리오의 주간 브리핑을 읽습니다. 그는 현재 세계 최대의 헤지펀드 회사인 브리지워터어소시에이츠에서 1,600억 달러의 자산을 운용하고 있습니다. 보통의 헤지펀드 운용규모가 150억 달러라는 점을 감안하면 엄청난 규모입니다.

레이 달리오가 운영하고 있는 퓨어알파펀드는 20년간 단 3년만 손실이 났습니다. 유럽 금융위기가 있었던 2010년에도 40%의 수익을 올렸습니다. 퓨어알파펀드는 1991년부터 수수료 차감 전 연간 복합수익률이 21%입니다. 해당 펀드에 가입하려면 최소투자규모가 1억 달러(1달러당 환율 1,100원으로 환산 시 1,100억 원)이어야 하고 순자산 50억 달러 이상(환율 1,100원 환산 시 5조 5천 억 원)인 사람만 가입이 가능한데, 그나마도 현재는 신규 투자자를 받지 않고 있습니다. 레이 달리오의 올시즌스 자산배분에 대해서 알아보도록 하겠습니다.

레이달리오의 올시즌스 자산배분

1. 주식 30%
2. 정부채
   - 중기채(7~10년물 미국채) 15%
   - 장기채(20~25년물 미국채) 40%

3. 금 7.5%

4. 원자재 7.5%

레이 달리오가 추천한 위 포트폴리오로 지난 1984~2013년 시장에 적용(1년에 한 번씩 재조정)시켜서 시뮬레이션을 해보니 연평균 10%의 수익률로 수수료 차감 후 수익률이 9.72%입니다. 1984~2013년 사이에는 2008년 미국발 서브프라임 위기, 2010년 유럽 금융위기 등 주가 폭락시기가 많았는데도 불구하고 30년간 손실이 난 해는 단 4년이었고 평균 손실은 1.9%, 그 손실 난 해 중 한 해는 0.03% 손실에 지나지 않았습니다.

최악의 손실을 경험할 때가 2008년으로 -3.93%였는데 그해 미국의 코스피지수라 할 수 있는 S&P500지수는 37%나 떨어졌습니다. 보통 투자자산의 위험도는 표준편차로 나타납니다. 주식의 경우 통계를 구하는 시점과 기간에 따라 달라지지만 기대수익률을 9~12% 정도로 보고 표준편차는 20~35% 정도를 이야기하는데, 그에 비해 올시즌스 자산배분 포트폴리오는 채권과 금, 실물자산 등 다른 자산을 함께 편입했다고 치더라도 표준편차가 7.63%로 매우 낮은 편입니다.

레이 달리오의 엄청난 투자 이력, 그리고 그가 운용했던 퓨어알파펀드의 성과와 추천한 포트폴리오의 시뮬레이션 결과를 참고로 연금자산 투자에도 적용해보면 어떨까요? 기대수익률 9.72%의 좋은 포트폴리오를 따라 하면 적어도 기대수익률 4~6% 정도는 기대할 수 있을 거라고 생각합니다.

● 올시즌스 자산배분으로 연금저축 포트폴리오 구성하기

올시즌스 자산배분 포트폴리오	조정	국내 판매 중인 펀드로 구성 예시

미국주식
30%
	환율 차이를 고려해서 국내주식형 펀드, 미국주식형 펀드로 나누어 투자	• 국내주식형 펀드 20%
		  － 삼성클래식인덱스연금증권전환형제1호(주식)
		  － 키움자자손손백년투자증권주식C-P
		• 해외주식형 펀드 10%
		  － AB미국그로스증권(주식-재간접)C-P
		  － 흥국미국배당우선주증권자1호(주식)C-P

미국채 중기채
7~10년물
15%
 	
미국채 장기채
20~25년물
40%
	미국채 중기, 장기채권 투자 종목이 어려워 대신 국내채권, 해외채권펀드로 나누어 투자	• 국내 채권펀드 35%
		  － 한국밸류10년투자연금증권전환형1호(채권)C
		  － 미래라이프사이클7090연금전환형자1(채권)C
		  － 신영연금증권전환형(채권)
		• 해외 채권펀드 20%
		  － ABL PIMCO글로벌투자등급채권재간H_Cp
		  － 미래글로벌다이나믹연금증권전환형자1(채권)

금 7.5%
 	
원자재 7.5%
	연금저축펀드 라인업 중 금, 원자재펀드 또는 원자재 영향을 많이 받는 국가 펀드 투자	• 금, 원자재, 원자재 영향 많은 국가펀드 15%
		  － 블랙록월드골드자(주식-재간접)(H)(C-P)
		  － JP모간천연자원자(주식)CP
		  － 한국골드플랜브릭스연금전환형자1호(주식)

물론 그가 추천한 포트폴리오가 미래의 수익률을 보장해주지는 않습니다. 미국은 전 세계 금융시장에서 차지하는 비중이 30%가 넘을 정도로 큰 시장입니다. 우리나라의 비중은 고작해야 2%가 되지 않습니다. 그럼에도 불구하고 그동안의 성과는 따라 해볼 만큼 매력적인 결과물입니다.

미국자산이란 점을 빼고 보면, 그의 포트폴리오는 주식 30%, 채권 55%, 금 7.5%, 원자재 7.5%로 충분히 따라서 해볼 수 있는 자산배분 구성입니다. 미국주식·채권투자 대신, 국내·해외의 주식, 채권의 적정 비율로 혼합해서 투자한다면 국내에 최적화된 포트폴리오 구성이 가능합니다. 모델 포트폴리오는 말 그대로 모델입니다. 자산배분은 큰 틀이지 그 안의 내용물까지 일일이 정확하게 정해놓을 필요는 없습니다. 자신의 상황에 맞게 적용해야 합니다.

앞의 표를 보면 국내외 분산투자로 모델 포트폴리오를 조정하고 특정 섹터펀드는 비슷한 펀드로 대치하는 방법으로 최대한 비슷하게 포트폴리오를 구성했습니다. 미국주식 대신 국내주식형 펀드와 미국주식형 펀드를 나눠서 편입시켰고, 중장기 미국채권투자 대신에 국내 및 해외채권 펀드로 대신했습니다. 금, 원자재 투자는 금, 원자재 펀드에 직접 투자하거나 금과 원자재 가격변동에 따라 주가영향을 많이 받는 국가인 브라질, 러시아, 인도, 중국에 투자되는 브릭스 펀드를 통해 간접적으로 투자할 수도 있습니다.

연금저축펀드계좌를 통해 투자할 수 있는 펀드는 점점 다양해지고 있습니다. 2017년 11월 말부터는 연금저축펀드계좌를 통해 ETF(상장지수펀드)투자도 가능하게 되었습니다. 이렇듯 당장은 어렵겠지만 연금저축펀드계좌에 투자할 수 있는 펀드의 종목이 점점 더 다양해지고 있는 점을 고려한다면 향후에는 좋은 선진 모델 포트폴리오 참고해 투자하는 것이 바람직합니다.

| 2 | 데이비드 스웬슨 포트폴리오 따라 하기

데이비드 스웬슨(David F. Swensen)은 미국의 예일대학 기금 운용 최고투자책임자(CIO)이고 『포트폴리오 성공운용』이란 책의 저자입니다. 1985년부터 예일대 기금운용을 맡았는데 합류할 당시 10억 달러였던 예일대의 기금을 2008년 글로벌 금융위기 전까지 229억 달러까지 늘렸습니다. 데이비드 스웬슨이 운용하는 예일대학 기금은 지난 30년간 연평균 14.4%의 안정적인 수익을 내고 있고 그의 성공적인 대학기금 운용방식은 미국 내 대학기금 운영의 바이블로 통합니다.

　데이비드 스웬슨은 안정 위주로 투자되던 기금에서 채권 비중을 줄여 주식 비중을 높이고 해외주식, 천연자원, 부동산 등 5~6가지의 다양한 자산에 나누어 투자하는 포트폴리오를 구성하고 수익 변화에 따라 주기적으로 리밸런싱하는 방식으로 기금을 운용했습니다.

데이비드 스웬슨의 추천 포트폴리오

- 전체 포트폴리오는 안전자산 30% 위험자산 70%로 구성함
- 미국 내 주식 30%, 신흥시장10%, 해외선진시장 15%, 부동산투자신탁 15%,
- 미국채권 30% (미국채 15%, TIPS 15%)

　ETF로 포트폴리오를 구성한다면,

　- 20% 비중: 윌셔5000 시장지수

　- 20% 비중: FTSE/NAREIT 리츠 지수

- 20% 비중: MSCI ACWI Ex USA GR 지수(미국에 본사를 둔 기업을 제외한 해외 주식 지수)

- 15% 비중: Braclays US Long Credit TR 지수 (바클레이즈 장기채권지수)

- 15% 비중: Braclays US Treasury TIPS TR 지수(바클레이즈 TIPS 지수)

- 10% 비중: MSCI EM PR 지수(이머징시장지수)

데이비드 스웬슨의 추천 자산배분 포트폴리오는 레이 달리오의 올시즌스 자산배분 포트폴리오에 비해 공격적인 성향의 구성입니다. 채권 비중이 더 낮고, 주식 비중은 더 높고 미국 외 해외투자 비중이 높은 편입니다. 마찬가지로 데이비스 스웬슨의 자산배분에 따라 다음과 같이 국내 상황에 맞는 연금저축 포트폴리오를 구성했습니다.

데이비드 스웬슨의 추천 포트폴리오를 따라 하기 위해 미국주식형 펀드에 30%의 비율로 투자하는 대신, 국내주식형 펀드 10%와 미국주식형 펀드10%, 해외주식형(미국 포함 전 세계 주식) 펀드 10%로 나눠서 투자하는 포트폴리오를 구성했습니다. 해외선진주식시장투자 15%에 맞게 투자하기 위해 일본과 유럽주식에 투자되는 펀드에 8%, 7% 투자하는 걸로 계획을 세웠습니다. 해외선진주식시장에는 유럽, 일본 외에 캐나다, 호주 등에 투자되는 펀드를 편입시킬 수 있습니다.

신흥시장주식 10% 투자는 중국 펀드 5%와 이머징마켓국가에 5% 투자되는 펀드로 대신했습니다. 이머징마켓국가에는 중국, 일본을 제외

● 데이비드 스웬슨의 추천 포트폴리오로 연금저축 포트폴리오 구성하기

데이비드 스웬슨의 자산배분 추천포트폴리오	조정	국내 판매 중인 펀드로 구성 예시
미국 주식 30%	미국주식에만 투자하는 대신 국내주식, 미국주식 전 세계에 투자되는 주식형 펀드로 나눠서 투자	• 국내주식 펀드 10% – 프랭클린연금저축포커스증권자(주식)C – 미국주식형 펀드 10% – AB미국그로스증권(주식-재간접)C-P • 해외주식형 펀드 10% – 에셋플러스글로벌리치투게더연금1주식C
해외 선진시장주식 15%	해외 선진시장 중 유럽과 일본에 투자되는 펀드에 투자	• 유럽주식형 펀드 8% – 피델리티유럽증권자(주식-재간접형)PRS • 일본주식형 펀드 7% – 프랭클린연금재팬증권자(주식)C
해외 신흥시장주식 10%	신흥시장 국가인 중국, 이머징국가(중국 포함, 일본 제외 아시아 등)에 투자되는 펀드에 투자	• 중국 주식형 펀드 5% – KTB중국1등주증권자(주식)C-P • 이머징국가주식형 펀드 5% – 미래글로벌이머징연금증권전환형자1(주식-재간접)C
부동산 투자신탁 15%	해외 부동산 리츠펀드에 투자	• 해외리츠펀드 15% – 한화글로벌프라임상업부동산(리츠-재간접)Cp – 하나아시안리츠부동산(재간접)종류C-P
미국채권 국채 15%	미국채권(국채) 대신 국내채권형 펀드와 해외 이머징마켓국가 채권에 나누어 투자	• 국내채권형펀드 10% – 미래라이프사이클7090연금전환형자1(채권) • 해외채권형 펀드 5% – 하나UBS인Best연금글로벌이머징자(채권-재간접) – 블랙록아시아퀄리티증권(채권-재간접)(H)Cp
미국채권 TIPS 15% (물가연동채권)	미국 물가연동채권 대신 미국을 포함한 전 세계에 투자되는 물가연동채권에 투자	• 해외채권형 펀드 15% – 키움글로벌금리와물가연동H채권-재Cp

한 아시아, 인도, 브라질, 러시아 등을 꼽을 수 있습니다. 부동산투자신탁 15%는 전 세계 상업부동산에 투자되는 리츠 펀드로 대신해서 구성했습니다. 미국채권 15% 대신해서 국내채권 10%, 해외채권 5%로 하고 마지막으로 미국물가연동채권투자 대신 전 세계에 투자되는 물가연동채권펀드를 포트폴리오에 편입시켰습니다. 이렇게 하면 데이비드 스웬슨의 포트폴리오와 상당히 유사한 포트폴리오를 구성할 수 있습니다.

연금저축의 수익률 관리 방법

주식이나 펀드와 같은 투자 상품은 관리가 필요합니다. 수익이 발생했을 때는 적절히 환매를 통해 수익 실현을 해야 하고, 반대로 수익률이 마이너스로 떨어졌을 때는 추가 불입을 통해 더 많은 계좌수를 확보하는 것이 수익률을 관리하는 방법입니다. 연금저축계좌 역시 꾸준하게 장기간 관리가 필요한 상품입니다. 여기에서는 보다 안정적인 연금관리 방법에 대해 알아보겠습니다.

| 1 | 펀드 종목과 비율 리모델링하기

펀드는 3년 이상은 투자해야 한다고 합니다. 상황에 따라 맞는 말이기도 하고 틀린 말이기도 합니다. 3년 이상 시간적 여유가 필요한 이유는 투자한 펀드가 손실이 나더라도 다시 가격이 회복되어 수익이 생길 때까지 시간이 필요하기 때문입니다. 그래서 재무계획을 통해 3년간은 쓰지 않을 돈과 환매하지 않아도 되는 돈으로 투자해야 합니다.

하지만 펀드에 투자하고서 3년간 전혀 신경 쓰지 않아도 된다는 뜻은 아닙니다. 왜냐면 3년이란 시간은 유동적이기 때문입니다. 오늘 가입하고 3개월이 지나면 3년이 남은 게 아니라 2년 9개월이 남은 셈입니다. 오늘 가입하고 1년이 지났다면 3년이 아니라 2년만 남은 것입니다. 시간이 흐름에 따라 다시 3년을 기다릴 수 있는 돈인지 확인해야 합니다. 시장도 변하고 자신의 재무 상황도 변합니다. 따라서 중간중간 상황에 따라 펀드 포트폴리오를 조정하는 것은 필수입니다.

연금저축펀드도 마찬가지입니다. 만 55세 이후 10년 이상 연금으로 타야 한다면 가입자에 따라 다르겠지만 보통 운용기간은 짧게 잡아도 15~ 50년 이상 될 수도 있습니다. 당연히 중간에 펀드를 새로 개설하기도하고 중도 환매도 해서 갈아타기도 하고 신경을 써줘야 합니다.

살면서 해야 할 일은 너무나도 많습니다. 매일같이 펀드 상황을 쳐다볼 겨를도 없고 그럴 필요도 없습니다. 하지만 잊고 지내면 안 된다는 메시지를 전하고 싶습니다. 연금저축펀드에 가입했다면 적어도 반기에 한 번이나 1년에 한 번은 날짜를 정해서 펀드 상황을 조회해보고 향후 어떻게 투자할지 점검하는 시간이 필요합니다. 아무리 바쁘더라도 반드시 확인해보는 시간을 갖길 바랍니다. 당신의 노후가 달려 있는 중요한 문제입니다.

연금저축은 장기간 운용되는 상품이기 때문에 처음에는 누적 투자평가 금액 규모가 몇십만~몇백만 원 단위일 테지만, 5~10년 그 이상의 시간이 지나면 수천만 원을 넘어 억 단위도 충분히 넘을 수 있는 상품입니다. 적은 돈일 때부터 공부하고 훈련해놓아야 큰돈이 되었을 때도 큰 어려움 없이 큰 손실 없이 운용할 수 있습니다.

연금저축펀드계좌를 관리하는 방법 첫 번째는 매년, 또는 반기, 분기마다 정기적으로 계좌를 점검할 날짜를 정하는 것입니다. 우리집 펀드 점검 일을 정한 뒤 달력에 표시해놓고 정기적으로 점검합니다. 분명히 효과가 있습니다. 그렇게 하면 펀드 수익, 안정 관리는 물론이고 매달 납입하는 저축금액의 증대까지도 가능해질 것입니다.

연금저축펀드계좌를 점검할 날짜를 정했다면 다음은 펀드의 리모델링을 해야 됩니다. 첫 번째 리모델링 방법은 운용성과가 부진한 펀드의 가지치기입니다. 계획대로 운용되지 않는 펀드를 환매하는 것입니다. 그동안 펀드수익률을 조회해보면 성과가 좋은 펀드도 있을 테고 나쁜 펀드도 있을 것입니다. 그중 다른 비교대상지수에 비해 지나치게 차이가 나는 수익률을 지속적으로 보이는 펀드는 과감히 환매해야 합니다.

예를 들어 국내 배당주 펀드를 가입했는데, 배당주의 벤치마크지수나 다른 비슷한 국내 배당주 펀드들은 꾸준히 10%의 수익률을 내고 있는데 유독 자신이 고른 펀드만 마이너스를 계속 유지한다면 문제가 있는 펀드입니다. 처음 믿고 맡긴 펀드매니저가 바뀌었을 수도 있습니다. 또한 이름만 배당주 펀드이고 실제론 배당주에 투자하는 펀드가 아닌 경우도 있습니다. 처음 계획한 대로 운용되지 않고 있다면 펀드를 확인한 뒤 환매하는 것이 좋습니다.

환매할 펀드를 고를 때 단지 수익률이 낮고 손실이 났다는 이유만으로 환매해서는 안 됩니다. 단기적으로 현재의 경기순환 주기상 주변 환경이 그런 유형의 펀드에게 불리하게 작용해서 수익률이 좋지 않을 수도 있기 때문입니다. 당장 수익률이 낮고 손실이 났더라도 장기적인 관점에서 나쁘지 않고 회복을 예상한다면 오히려 역발상 투자의 계기로 삼아서 추가 매수해야 합니다. 고수익을 올릴 수 있는 기회가 될 수 있기 때문입니다. 나쁜 펀드는 손실이 났다고 나쁜 것이 아니라 펀드 본래의 역할을 못하는 펀드를 말하는 것입니다.

펀드 리모델링 두 번째 방법은 자산배분 비율을 기준으로 펀드를 조정하는 방법입니다. 처음 심사숙고 끝에 앞으로 연금저축펀드계좌를 운용할 때 주식, 채권 비율을 50:50 비율로 맞추기로 했는데 시간이 지나서 주식형 펀드 수익률이 높아져 비율이 65:35가 되었다면, 주식형 펀드는 부분환매하고 환매자금으로 채권형 펀드에 추가 매수를 해서 다시 50:50의 비율로 맞춰주는 방식입니다. 주식 비율이 높아져서 위험이 커지는 것을 방지할 수 있습니다.

반대로 주식시장이 하락해서 주식, 채권 비율이 30:70이 된다면 다시 50:50으로 맞추기 위해 채권형 펀드를 환매하고 주식형 펀드를 사게 되는데 그럼 저가에 주식을 사는 효과를 얻을 수 있습니다. 이렇게 시장에

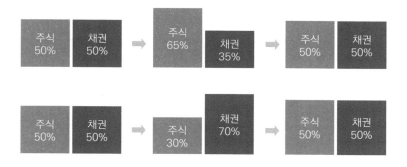

대한 판단 대신, 사전에 정해놓은 자산배분 비율대로 펀드 비율을 기계적으로 조정하면 펀드 리모델링이 한결 수월해집니다.

펀드 리모델링 세 번째 방법은 그동안 변화된 시장 상황과 정책 변화 등에 따라 사전에 정해놓은 자산배분 비율을 조정한다거나 신규 펀드를 편입하는 것입니다. 시장 상황은 계속 변하기 때문입니다. 지난 점검 때보다 유독 많이 오른 자산도 있을 테고, 유독 많이 가격이 떨어진 자산도 있을 것입니다. 이런 시장 상황을 고려할 필요도 있고, 본인의 투자성향과 라이프 사이클에 맞게 적절하게 조정해야 합니다. 예를 들어 전 세계적인 인구 고령화 추세를 대비해서 헬스케어 관련 산업에 투자하는 펀드를 포트폴리오에 편입시킨다거나, 향후 4차 산업 관련된 업종들에 대한 성장성을 보고 4차 산업 관련 펀드 종목을 편입시키는 것입니다. 친환경 에너지 개발에 대한 정부의 적극적인 지원책이 나온다면 관련 산업펀드를 찾아보는 것입니다.

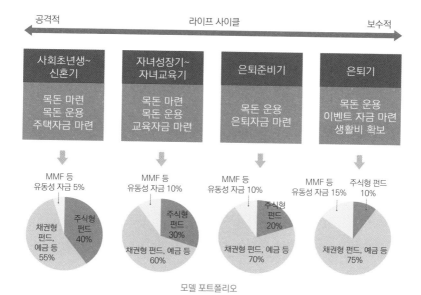

● 자신의 투자 성향과 라이프 사이클에 맞는 상품 선택

공격적   라이프 사이클   보수적

사회초년생~신혼기
목돈 마련
목돈 운용
주택자금 마련

자녀성장기~자녀교육기
목돈 마련
목돈 운용
교육자금 마련

은퇴준비기
목돈 운용
은퇴자금 마련

은퇴기
목돈 운용
이벤트 자금 마련
생활비 확보

MMF 등 유동성 자금 5%
주식형 펀드 40%
채권형 펀드, 예금 등 55%

MMF 등 유동성 자금 10%
주식형 펀드 30%
채권형 펀드, 예금 등 60%

MMF 등 유동성 자금 10%
주식형 펀드 20%
채권형 펀드, 예금 등 70%

MMF 등 유동성 자금 15%
주식형 펀드 10%
채권형 펀드, 예금 등 75%

모델 포트폴리오

※ 본인의 재정 상황이나 투자 성향에 따라 모델 포트폴리오를 조정

　　최근 몇 년간 전 세계적으로 주가상승폭이 컸기 때문에 주가 조정이 예상된다면 주식형 펀드 비율을 줄이고, 채권 펀드 비율을 늘릴 수 있습니다. 금융위기 전 유로화와 화폐가치가 비슷했었는데 유로화는 거의 회복했지만 그에 비해 일본의 엔화가치는 아직까지도 30% 정도 떨어져 있는 상황이어서 앞으로 엔화가치 상승을 예상한다면 일본에 투자되는 펀드 중 환헤지를 하지 않는 펀드를 찾아 내 포트폴리오에 넣을 수 있습니다.

| 2 | 연금저축의 효율적 펀드 운용 노하우

자산 규모에 맞게 운용 방법을 달리하자

연금저축계좌에서 총 운용금액이 적을 때는 주식 비중을 높게 설정합니다. 처음으로 연금저축을 가입해 투자하는 사람이 매월 34만 원씩 불입하면 1년 뒤 원금은 400만 원이 됩니다. 이제 막 투자를 시작했기 때문에 개인의 전체 가계 자산 중 연금저축이 차지하는 비중이 상당히 적을 수 있습니다. 전체 자산에서 차지하는 연금의 비중이 작기 때문에 혹시 모를 연금투자에서 10% 손실이 나더라도 전체 자산에는 큰 영향이 없을 것입니다. 따라서 주가는 상승과 하락을 반복하고 언제가 회복한다는 경제 순환 사이클에 따르면 초기에 자금이 적을 때는 과감하게 주식 비중을 늘리는 것이 효과적입니다.

연금저축계좌에 쌓여 있는 적립액이 커졌을 때는 채권 비중을 높게 변경해야 합니다. 연금저축계좌에 매월 많은 금액을 납입하고 일정 기간이 흐르면 투자한 절대 금액이 커지게 됩니다. 이때는 수익률보다 안정성을 먼저 고려해야 합니다. 만약 5천 만 원의 자금이 투자되고 있는데 모두 주식형 펀드라면 1년 안에 주식시장의 등락에 따라 계좌 내에서 10~20% 이상 손실이 발생할 수 있습니다. 주식에 관심 있고 투자를 한 사람들은 누구나 공감할 수 있는 사실입니다.

연금저축투자 금액이 가계 전체 자산 중 큰 비중이 될 정도로 커졌다면 적당하게 채권과 현금 투자 펀드 비중을 조정해줘야 합니다.

연령대에 맞게 운용 방법을 달리하자

연금저축을 처음 가입하는 나이가 젊은 시점에는 주식 비중을 높게 해도 좋습니다. 20~40대 초반의 젊은 사람은 연금수령 조건인 만 55세까지, 그리고 연금수령 최소 기간 10년까지 고려하면 중간에 투자자산의 가격이 하락하더라도 충분히 회복을 기다릴 수 있는 시간이 있습니다. 이러한 주식의 등락은 항상 경험할 수 있기 때문에 초기 주식 비중을 높게 설정하는 것이 좋습니다.

또한 은퇴 시기가 다가올수록 채권 비중을 늘려야 합니다. 은퇴 시기가 가까이 다가올수록 투자금 손실이 발생한다면 다시 주가가 회복할 때까지 기다릴 시간이 상대적으로 줄어들게 됩니다. 연금수령 시기가 다가올수록 고수익을 얻기 위한 주식보다는 안정적인 운용을 중심으로 하는 채권 비중이 높아져야 합니다.

목돈 자금과 매월 투자되는 금액의 운용 방법을 달리하자

연금저축계좌는 여러 가지 펀드를 통해 분산투자 할 수 있고 쌓여 있는 적립금액과 매월 투자하는 투자금액의 비율을 다르게 설정할 수 있습니다. 그동안 열심히 쌓아놓은 연금 자산은 되도록 안정적으로 운용해야 합니다. 펀드에 가입한 지 오랜 시간이 흘러 목돈이 되었다면 이제는 안정적으로 자금을 운영해야 합니다. 따라서 우선 채권 비중을 높여서 위험 대비 안정적인 수익률을 확보하는 전략이 필요합니다.

또한 매월 적립하는 금액은 조금 더 공격적으로 운용해도 괜찮습니다. 매월 투자하는 금액은 '코스트에버리징효과'를 기대할 수 있기 때문에 주식형 펀드에 투자하는 것이 좋습니다. 손실이 나더라도 금액이 작으며 손실금액은 크지 않기 때문입니다. 또한 주가가 회복되는 시점에는 평균매입 단가인하 효과로 수익률을 확보할 수 있습니다.

펀드의 수익과 손실 관리는 반드시 해야 한다

펀드에서 수익이 났을 때는 앞으로 얼마나 수익이 지속될지 예측하기 어렵습니다. 이러한 경우에 펀드에 쌓여 있는 전체적인 금액을 잘 따져보고 판단해야 합니다. 쉽게 말해 주식형 펀드에 아직 많은 돈이 쌓이지 않았는데 단지 10% 수익이 발생했다고 해서 펀드를 환매하는 것은 바람직하지 못한 방법입니다. 우리는 100만 원의 10% 수익보다는 1천만원 그 이상의 금액에서의 5% 수익률에 집중해야 합니다. 적은 돈이지만 수익 난 주식형 펀드를 환매하고 나면 다시 한꺼번에 다른 주식형 펀드에 넣는 방식은 부담스러운 운용 방법입니다. 어느 정도 목돈이 될 때까지는 10~20% 수익률에 흔들리지 않는 것이 중요합니다. 주식형 펀드와 채권형 펀드 비율을 나눠 적립식으로 꾸준히 목돈이 완성될 때까지 매수하는 것이 중요합니다.

하지만 투자금액이 수천만 원이 넘는다면 이야기는 조금 달라집니다. 목표 수익을 달성했다면 환매해서 채권형 펀드로 돌려놓습니다. 이머징마켓(중국, 인도, 브라질, 러시아, 아시아 등에 투자) 펀드에서 수익이 많이 났다면 선진국(미국, 유럽, 일본, 캐나다, 호주 등에 투자) 투자 비중이 높은 펀드 쪽으로 옮겨 놓습니다. 이것은 변동성이 큰 시장에서 투입되었던 자금을 조금은 안정적으로 움직이는 시장에 자산을 옮겨놓는 행위입니다. 또한 주식형 투자로 늘어난 자금은 채권형 펀드로 옮겨놓으면서 발생한 수익을 확정 짓는 선택을 해야 합니다.

결국 연금저축에 적립한 금액이 어느덧 목돈이 되었을 때는 추가로 수익을 내는 것보다 위험을 줄이는 데 집중하는 자세가 필요합니다. 반대로 펀드에서 손실이 났을 때는 손실의 강도를 따져야 합니다. 과거 미국의 서브프라임 사태로 전 세계 주가가 폭락하는 상황이 재현될 가능성은 크지 않지만 다시 한 번 비슷한 상황이 온다면 어떻게 해야 할까요? 즉시 펀드를 현금화해서 상황이 진정되길 기다려야 합니다.

그러나 이러한 판단을 미리 예측해서 행동에 옮기기는 어렵습니다. 결국 자산배분이 중요한 투자 전략입니다. 주가가 떨어졌다면 적립식 펀드 투자는 멈춤 없이 지속해야 하고 투입 비율 역시 꾸준히 늘려줘야 합니다. 그동안 열심히 쌓아놓은 적립금을 채권에서 주식형 펀드로 바꾸는 판단은 신중하게 해야 합니다. 일반적인 가격보다 크게 '싸다'라는 확신이 설 때는 누적금액의 채권형 펀드를 일부 환매해서 주식형 펀드로 매수하는 것도 좋겠습니다.

> 주가가 하락했을 때: 채권형에서 주식형으로 변경(수익 기대, 저가 매수)
> 주가가 상승했을 때: 주식형에서 채권형으로 변경(수익 확정, 손실 회피)

연금저축펀드 선택 가이드

우리나라의 펀드 개수는 약 1만 개로 세계 최다 수준입니다. 주식형과 채권형, 국내투자와 해외투자 등 많은 펀드들 중 하나를 선택하기란 매우 어렵고 힘든 일입니다. 처음에 선택한 펀드가 영원히 좋을 수익률을 만들 수도 없습니다. 따라서 펀드 선택에 대한 요령이 필요하고 적절한 펀드 분산과 관리가 필요합니다. 어떤 기준을 가지고 펀드를 선택하면 좋을까요? 지금부터 한번 알아보겠습니다.

| 1 | 안정성과 수익성을 확보하는 중위험 중수익 펀드 활용하기

연금저축 상품을 펀드로 가입했는데 포트폴리오 구성이 어렵고 지속적인 관리가 어렵다고 판단될 때는 운용규칙에 따라 알아서 펀드 포트폴리오를 구성해주는 자산배분형, 혼합형 펀드를 적극 활용해보는 것이 좋습니다.

또한 약간의 위험 대비하며 안정적인 수익을 추종하는 중위험 중수익 펀드에 관심을 가져야 합니다. 예를 들어 국내채권혼합형 펀드 50%와 해외채권혼합형 펀드 50% 비중으로 투자한다면 전체적으로 채권 비중이 60%가 되고 주식 비중이 40% 정도로 전 세계에 나눠서 투자하는 셈이 됩니다. 왜냐하면 채권혼합형 펀드에는 채권의 비중이 50% 이상이고 주식이 50% 미만이기 때문입니다.

이렇게 분산해서 투자하면 주식형 펀드와 채권형 펀드에 각각 가입해 두 펀드를 정기적으로 비중을 조정해줄 필요가 없어집니다. 왜냐면 채권과 주식형이 혼합되어 있는 채권혼합형 펀드의 경우에는 펀드 투자 비율이 시간 흐름에 따라 달라지더라도 펀드매니저가 알아서 펀드 내용을 조정해주기 때문입니다. 개인이 펀드를 선택해 가입했더라도 펀드 관리를 하지 못하면 손실을 볼 수 있습니다.

조금이라도 신경을 덜 쓰면서 안정적으로 운영할 수 있는 방법은 펀드의 분산이 아니라 펀드의 유형을 분산해 투자하는 것입니다. 중위험 중수익 투자는 말 그대로 너무 높지도 낮지도 않은 기대수익률을 얻기 위해 너무 위험하지도 너무 안전하지도 않은 자산에 투자를 하는 것을

● 중위험 중수익 투자

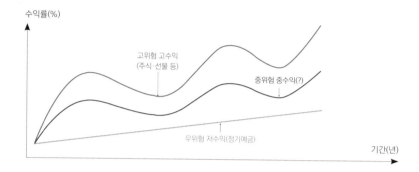

말합니다. 수익률 측면에서는 정기예금보다는 높은 수익률을 기대할 수 있지만, 주식·선물·옵션 등 고위험 투자자산에 비해서는 기대수익률이 낮을 수밖에 없습니다. 반대로 위험관리 측면에서 본다면 정기예금보다는 원금손실의 위험이 있지만, 주식·선물·옵션 등 고위험 투자자산에 무리하게 투자할 때보다 안전한 편입니다.

　주가가 상승할 때는 아주 느리게 따라가는 편이지만 주가가 하락할 때는 하락을 상당 부분 방어해주기 때문에 손실을 줄일 수 있습니다.

| 2 | 중위험 중수익 펀드 종류와 특징

글로벌 채권 펀드

전 세계 채권에 나눠서 투자되는 채권 펀드입니다. 보통 펀드 이름에 글로벌이란 단어가 있으면 전 세계에 분산투자 된다고 생각하면 됩니다.

나라별 투자 비중은 전 세계 금융시장에서 그 나라가 차지하는 비율대로 투자됩니다. 전 세계 금융시장에서 미국, 유럽, 일본 등 선진국가들이 차지하는 비중이 크기 때문에 선진국들의 채권에 투자되는 비중이 큰 편입니다. 나머지는 중국, 아시아, 브라질, 러시아 인도 등 이머징마켓국가들의 채권에 분산투자 됩니다. 안정적으로 운영되는 선진국 채권투자 비중이 높은 편이기 때문에 비교적 꾸준한 성과를 안겨주는 투자가 가능합니다. 글로벌 채권 펀드는 연3~6%정도의 기대수익률로 투자하면 되겠습니다.

추천 글로벌 채권 펀드
알리안츠PIMCO글로벌투자등급재간접H-Cp, 글로벌다이나믹연금
증권전환형자1(채권)

이머징국가 채권 펀드

이머징국가 채권 펀드는 대표적으로 브릭스(BRICs; 브라질, 러시아, 인도, 중국)국가들을 꼽을 수 있고, 그 외에 동남아, 동유럽 등 경제성장기의 신흥시장 국가들이 발행한 채권에 투자되는 펀드입니다. 선진국 채권에 비해 신용도가 낮기 때문에 위험하지만 조금 더 높은 수익을 기대할 수 있습니다. 글로벌 채권 펀드보다 고위험 고수익 구조입니다. 보통 미국의 기준금리가 오르거나 달러가치가 상승하면 이머징국가 채권의 수익률에 안 좋은 영향을 미칩니다. 이머징국가 채권 펀드는 연 4~8% 정도의 기대수익률을 가지고 투자해야 합니다.

추천 이머징국가 채권 펀드

하나UBS인Best연금글로벌이머징자[채권-재간접, 멀티에셋삼바브라

질연금저축증권] 채권 A, 블랙록아시아퀄리티증권(채권-재간접)(H)Cp

글로벌 하이일드 채권 펀드

펀드명에 글로벌이란 단어가 있기 때문에 국내가 아닌 전 세계에 투자되고, 전 세계 금융시장에서 미국이 차지하는 비중이 크기 때문에 미국에 많은 비중이 투자된다는 걸 알 수 있습니다. 하이일드(High Yield)는 고금리 채권에 투자되는 펀드임을 알 수 있습니다. 신용도가 낮은 투기등급의 회사채 정크본드(Junk Bond; 쓰레기 채권)에 주로 투자하고, 이머징국가 채권 등에도 투자하는 펀드입니다.

여기서 우리말로 쓰레기 채권, 정크본드라는 단어 때문에 너무 위험한 투자로 걱정할 수도 있습니다. 하지만 투자부적격이란 등급은 우리나라 기준이 아닌 미국 기준입니다. 미국의 신용평가사들의 등급 조건은 매우 까다롭습니다. 우리나라의 어지간한 중견그룹들도 정크본드로 분류될 정도입니다. 예를 들어 SK하이닉스는 국내 신용평가사 등급으로는 A+지만 S&P등급으로는 BB+로 투자부적격 등급입니다.

글로벌 채권 펀드나 이머징국가 채권 펀드에 비해서 고위험 고수익 펀드라고 볼 수 있습니다. 기대수익률도 4~10%까지 기대할 수 있습니다. 보통 미국주식형 펀드와 비슷한 움직임을 보이는데 주식형 펀드보다는 주식수익률이 떨어지는 대신 하락 시에는 주식형 펀드보다 손실이 적다는 장점이 있습니다. 보통 하이일드 채권은 표면이자율(만기 전

중간에 주는 이자율)이 높기 때문에 금리 인상기에 상대적으로 글로벌 채권 펀드나 이머징국가 채권 펀드에 비해 채권 가격 하락의 영향을 덜 받는 경향이 있습니다.

추천 글로벌 하이일드 펀드

AB글로벌고수익(채권-재간접형)C-P, 이스트스프링미국하이일드자

(H)(채권-재간접)클래스C-P2(연금저축)

혼합형 펀드

주식형 펀드는 보통 60% 이상이 주식에 투자되고 나머지는 현금성자산과 채권에 투자되는 펀드입니다. 채권형 펀드는 주식이 없고 채권에만 100%는 투자되는 펀드입니다. 혼합형 펀드는 주식형 펀드보단 채권 비중이 높고, 채권형 펀드보다 주식 비중이 높은 펀드를 말합니다.

혼합형 펀드는 주식이 얼마나 편입되었느냐에 따라 다시 주식혼합형 펀드와 채권혼합형 펀드로 나뉩니다. 주식혼합형 펀드는 주식 비중이 50%가 넘는 펀드이고 채권혼합형 펀드는 주식 비중이 50% 미만이 펀드입니다. 혼합형 펀드는 주식의 수익성과 채권의 안정성에 모두 투자하기 때문에 주식형 펀드와 채권형 펀드를 따로 운용하는 것보다 관리의 부담이 적은 편입니다.

추천 혼합형 펀드

주식혼합형 펀드: 미래라이프사이클3040연금전환형자1(주식혼합),

신영연금60증권전환형(주식혼합)

채권혼합형 펀드: KB밸류포커스30증권자(채권혼합)C-P, 메리츠코리

아증권(채권혼합)C-P

해외주식혼합형 펀드: 템플턴미국인컴증권자(주식혼합-재간접)Cp, 한

국투자연금베트남증권자투자(주식혼합)C

해외채권혼합형 펀드: 미래글로벌배당과인컴증권자1(채권혼합)Cp,

KTB중국플러스찬스증권(채권혼합)Cp

롱-숏 펀드

롱-숏 펀드는 주가가 오를 것으로 예상되는 주식은 사고(long) 주가가
내릴 것으로 예상되는 주식은 미리 빌려서 팔아(short) 위험을 줄이고 차
익을 남기는 펀드입니다. 종목을 잘 선정해서 매매하면 주가가 오르든
오르지 않든 안정적 수익을 얻을 수 있는 구조의 펀드입니다. 예를 들
어 LG전자 주식을 사고 동시에 LG(지주회사) 주식을 팔면 LG전자 주식
이 오르면 오르는 대로 수익이 나고, 만약 주가가 떨어지더라도 LG주
식을 미리 팔았기 때문에 손실을 줄일 수 있는데 이런 방식으로 절대수
익을 추구합니다.

주가가 계속 오르거나 내릴 때보다 박스권에서 횡보하는 장세에서 중
위험 중수익을 얻기에 유리한 구조입니다.

추천 롱-숏 펀드

미래에셋연금저축스마트롱숏자1(주혼)종류C, KB연금코리아롱숏증

권자투자신탁(주식혼합)C클래스

자산배분형 펀드

주식, 채권은 물론이고 부동산, 원자재 등에 이르기까지 안정적인 수익을 위해 다양한 자산에 분산투자를 하며 수익을 만드는 펀드입니다. 펀드매니저 한 명의 판단이 아니라 운용사에서 설계한 자산배분 모델에 따라 국가별, 자산별로 투자를 분산시킵니다. 앞서 혼합형 펀드는 사전에 정해진 주식, 채권 비율대로 운용되지만 자산배분형 펀드는 시장 상황에 따라 유연하게 자산배분을 해가며 대처하며 투자가 이루어집니다. 펀드 운영에 자신이 없다면 여러 펀드에 분산하기보다 믿을 만한 자산배분 펀드 하나를 선택해 펀드를 단순하고 간편하게 운용하는 것도 좋은 방법입니다.

추천 자산배분형 펀드

유경PSG좋은생각자산배분형증권(주식혼합)P, JP모간글로벌매크로증권자주식혼합재간접Cp, 미래평생소득연금혼합자산자투자신탁 C-P

인컴 펀드

이자와 배당을 통해 꾸준한 수익을 추구하는 펀드입니다. 배당성향이 높은 고배당주, 우선주, 회사채, 부동산 리츠, 인프라 펀드 등을 다양한 자산에 분산투자 합니다. 꾸준한 수익이 있는 자산에 투자되기 때문에 주가 변화에 따른 등락이 일반적 주식형 펀드에 비해 완만한 편입니다. 악조건 속에서도 꾸준한 현금흐름을 만들어주는 자산에 우선 투자해 매월 수익을 확정적으로 적립하기 때문에 안정적인 운영성과가 돋보이는 펀드입니다.

추천 인컴펀드

JP모간글로벌멀티인컴자(주식혼합-재간접)CP, 피델리티글로벌멀티에셋인컴채혼재간접 PRS

지금까지 중위험 중수익 펀드들의 여러 종류에 대해 알아봤습니다. 글로벌 채권 펀드, 이머징국가 채권 펀드, 하이일드 채권 펀드, 혼합형 펀드, 롱-숏 펀드, 자산배분 펀드, 인컴 펀드 외에도 주식 매수와 콜옵션 매도를 활용한 커버드-콜 펀드나 주식과 채권 모두의 성격을 갖고 있는 메자닌 펀드도 중위험 중수익 펀드로 분류할 수 있습니다.

커버드-콜 펀드

주식과 같은 기초자산을 보유하는 동시에 현재 주가보다 약간 높은 행사가격의 콜옵션을 매동하는 방식을 말합니다. 주식을 보유하고 있는 상태에서 주가가 하락하게 되면 투자자의 손실이 발생하는데, 콜옵션을 지니고 있어 이를 팔아 손실을 줄일 수 있습니다. 반대로 주가가 상승하는 경우에는 콜옵션에서 손해를 보더라도 보유한 주식이 상승하므로 손실을 보전할 수 있는 방법을 활용한 전략입니다.

메자닌 펀드

메자닌은 건물 1층과 2층 사이에 있는 라운지 공간을 의미하는 이탈리아어입니다 메자닌 펀드는 채권과 주식의 중간위험 단계에 있는 상품에 투자하는 펀드를 말하는데 후순위채권, 전환사채, 신주인수권부사채, 교환사채, 상환전환우선주식 등 채권에 투자합니다.

연금저축펀드계좌에 중위험 중수익 펀드를 편입시키면 주식만으로 운용할 때보다 위험을 줄이고 안정적인 수익을 기대할 수 있습니다. 혼합형 펀드, 자산배분 펀드, 인컴 펀드는 주식과 채권 비율도 매니저가 시장 상황에 맞춰 조정하며 운용을 대신해줍니다. 장기간 연금저축펀드계좌를 운용하며 정기적인 리모델링 실행 및 판단이 어렵다면 처음에만 자산배분 관점에서 주식/채권의 비율과 국내/외 투자 비율을 정한 후 중위험 중수익 펀드로 포트폴리오를 구성하면 펀드 관리도 수월하고 관리하는 수고로움도 줄일 수 있는 장점이 있습니다.

| 3 | 생애주기별 자산배분을 해주는 TDF 펀드 가입하기

비행기는 활주로에서 이륙을 위해서 사용하는 연료가 전체의 50%나 됩니다. 그만큼 초반에 힘껏 질주해주고 속도를 높여줘야 순항할 수 있습니다. 목적지에 도착할 즈음에는 오히려 속도를 줄이기 위해서 연료를 소모하고 차분하고 안정적으로 활주로에 착륙을 합니다. 이렇게 종착점에 나가오는 순간 속도를 줄이면서 착륙하는 것을 도와주는 장치나 각도를 '글라이드패스(Glide path)'라고 합니다. 비행기도 착륙을 위해서 각도를 점점 줄여가는 것처럼 은퇴시점에 맞춰서 그동안 적극적으로 운영했던 자산을 안정적으로 운영하는 전략이 필요할 수 있습니다.

바로 이러한 방식에 초점을 맞춰서 운영하는 펀드를 TDF 펀드라고 합니다. 20대에 펀드를 가입했다면 주식 비중을 높게 해 적극적으로 운영하고, 60세가 되었을 때는 채권 비중을 높여 그동안에 만든 수익을 확정 짓고 나머지 자금을 안정적으로 운영하는 개념입니다. TDF는 Target Date Fund의 약자로 은퇴시점을 목표로 투자자의 생애주기를 고려해서 자동으로 자산배분을 해주는 펀드입니다. 시장전망과 투자자의 연령, 취업시기, 소득, 소득상승률, 은퇴시점 등을 종합적으로 고려해서 펀드가 적절하게 주식, 채권 등의 펀드 비중을 조절해주기 때문에 개인이 매번 펀드를 변경하거나 방향을 수정할 필요가 없습니다.

연금저축펀드나 개인퇴직계좌(IRP)를 가입한 상태에서 장기간 동안 연금저축계좌(펀드)를 직접 관리하며 자산배분 및 재조정을 하기 어렵다면 TDF 펀드를 활용하는 것을 추천합니다.

추천 TDF 펀드

한국투자TDF알아서2045(주혼-재간접), 삼성한국형TDF 2045증권투자신탁H(주식혼합-재간접형)C-P, 미래에셋전략배분TDF 2025년혼합자산투자신탁 종류C-P

연금저축펀드의 경우 다양한 펀드의 구성이 가능하나 개인퇴직계좌

● TDF 펀드 자산배분 예시

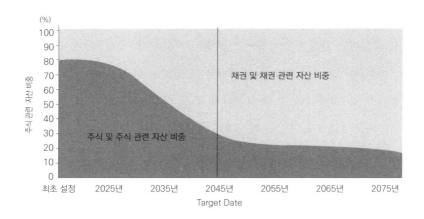

참고: 삼성한국형TDF2045증권투자신탁H(주식혼합-재간접형) 투자설명서

(IRP)의 경우에는 상당한 제한이 있습니다. 퇴직연금자산을 적극적으로 관리하고 싶은 경우에도 TDF 투자 비중이 70%로 제한되어 있었기 때문에 상당한 논란이 있었습니다. 그러나 2018년 9월 이후부터는 TDF 펀드로 100% 퇴직연금자산을 운영할 수 있도록 승인되었습니다. 금융당국에서도 TDF의 안정적이고 꾸준한 운용 성과와 능력을 인정한 결과라 볼 수 있습니다.

TDF 상품의 경우에는 국내에만 투자하는 것이 아니라 해외에도 투자가 가능합니다. 또한 우리나라보다 펀드 상품을 먼저 개발하고 오랫동안 운영해온 미국의 자문 노하우를 바탕으로 TDF를 운영하는 운용사도 있습니다. 따라서 펀드 선택이 처음인 초보투자자나 펀드관리를 꾸준히 하기 어려운 투자자의 경우에 연금저축펀드의 구성은 TDF 편

● 급증하는 TDF 설정액

1조 2,497억 원

1조 59억 원

4,621억 원

1,513억 원

511억 원

30억 원

2016년 3월   2016년 9월   2017년 3월   2017년 9월   2018년 3월   2018년 9월 7일

자료: 제로인

드로 하는 것이 효과적입니다.

　　TDF 펀드를 선택할 때 주의해야 할 사항도 있습니다. 우선 투자기간이 짧은 경우에는 TDF 펀드를 피하는 것이 좋습니다. TDF 펀드의 경우 투자기간이 충분히 확보된 상태에서 장기적인 성과를 목표로 주식 및 채권을 구성하기 때문에 펀드 가입 후 얼마 되지 않아서 환매를 하는 경우 목표 수익을 달성하지 못할 가능성이 있습니다. 또한 펀드의 구성이 해외투자와 절대수익형 추구 및 헤지펀드로 구성된 경우도 있기 때문에 투자자의 성향과 목표시점에 맞는 펀드를 선택해야 합니다.

가장 좋은 노후 준비는
지금 당장 시작하는 것이다

우리는 앞으로 전에 경험해보지 못했던 '초장수시대'를 맞이할 것입니다. 100세를 넘어 120세까지 살 것이라는 보도들이 심심찮게 나오고 있습니다. 구글에서는 인간의 수명을 150세 이상으로 정하고 연구하고 있습니다.

수명이 길어지면서 우리는 앞으로 '뭐 먹고 살지?'라는 고민을 하게 됩니다. 노후생활을 위해 국민연금, 주택연금, 임대형 부동산 등을 다양하게 준비하지만 이들은 경제상황 및 부동산 규제 등에 따라 변동성이 큰 것이 사실입니다. 국민연금은 저출산 고령화로 인해 더 내고 덜 받는 구조로 가고 있고, 주택연금은 시간이 지날수록 연금 산정액이 줄어들고 있습니다. 또한 임대형 부동산의 경우 임차인과의 문제, 공실 발생 등 신경 써야 할 것들이 많습니다. 장수시대를 대비하는 가장 현실적이면서 안정적인 방법은 스스로 개인연금을 준비하는 것입니다. 매월 소득의 일정 금액을 떼서 오랫동안 꾸준히 적립하는 '조기 장기 투자'를 하는 것이 장수시대를 대비하는 가장 현실적인 방법입니다.

2019년도 우리나라 개인연금 가입률은 32%입니다. 10명 중 8명이 개인연금 없이 노후를 맞이하고 있습니다. 아직은 저조한 가입률과 적은 납입금으로 연금저축 평균 수령액은 월 25만 원 수준입니다. 심각하게 적은 금액으로 노후를 보내야 한다고 생각하면 아찔합니다.

결국 행복한 노후는 준비하는 자의 것입니다. 매월 일정금액을 떼서 저축을 시작하고 재무상담사의 도움을 통해 노후설계를 해야 합니다. 매월 똑같은 금액으로 15살에 저축을 시작한다면 70세에 30억 원이 넘는 돈을 만들 수 있습니다. 25살에 저축을 시작한다면 70세에 17억 원을 만들 수 있습니다. 35세에 저축을 시작하면 70세에 8억 원을 만들 수 있습니다. 45세에 시작한다면 70세에 4억 원을 만들 수 있습니다.

중요한 것은 지식이 아니라 실천입니다. 영국의 세계적인 극작가 겸 소설가인 버나드 쇼의 묘비명에는 이런 글이 새겨져 있습니다. "우물쭈물하다가 내 이럴 줄 알았지." 지금도 늦지 않았습니다. 우물쭈물 하다 그렇게 되는 뻔한 노후가 아닌, 철저하고 꾸준한 준비를 통해 황금처럼 빛나는 멋진 노후의 삶을 살아가시길 바랍니다.

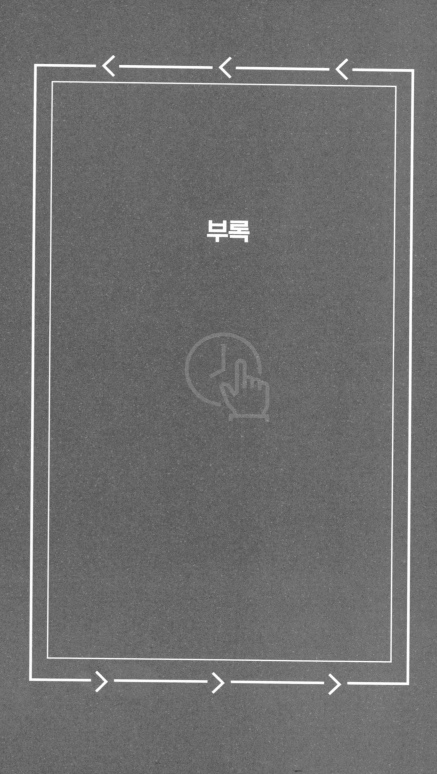

부록

항목	세제 내용
납입한도	연간 1,800만 원까지 납입 가능(퇴직연금 개인부담액 포함)
세제 혜택	연간 최대 400만 원 이내 납입액의 13.2%를 세액공제 *종합소득 4천만 원 이하(근로소득만 있는 경우 총급여 5,500만 원 이하)인 경우 납입액의 16.5%를 세액공제
연간 연금수령 한도	$$\frac{연금계좌의 평가액}{11-연금수령 연차} \times 120\%$$ (1차년도 수령한도는 평가액의 12%) *연금수령 연차는 연금가입 5년 이상이 경과되고 55세 이상이 되는 시점이 1년차임 *2013년 3월 전에 가입한 연금저축이 경우 6년차부터 시작(1차년도 수령한도는 평가액의 24%)
연금수령 시 과세	<table><tr><td>구분</td><td>연령</td><td>연금소득세율</td></tr><tr><td rowspan="3">확정형</td><td>55~69세</td><td>5.5%</td></tr><tr><td>70~79세</td><td>4.4%</td></tr><tr><td>80세~</td><td>3.3%</td></tr><tr><td rowspan="2">종신형</td><td>55~79세</td><td>4.4%</td></tr><tr><td>80세~</td><td>3.3%</td></tr></table>※ 연금저축 상품의 연금수령액이 연간 1,200만 원을 초과하는 경우 종합과세(공적연금 제외)
중도해지 또는 일시금으로 연금수령 시	과세대상 금액에 기타소득세(16.5%) 분리과세 *소득공제 받은 금액+운용수익
특별 중도해지	• 사유: ① 천재지변 ② 가입자 사망 ③ 가입자의 개인회생/파산선고 ④ 가입자의 해외이주 ⑤ 가입자 및 그 부양가족의 3개월 이상의 요양 ⑥ 금융기관의 영업정지, 파산 (사유확인(발생)일로부터 6개월 이내 해지신청 건에 한함) • 과세: 연금수령 시 과세와 동일 (5.5~3.3%)
기타	전년도 공제한도 초과 납입금은 당해 연도 납부금액으로 전환 가능

구분	(구)개인연금저축	(구)연금저축	연금저축계좌(신연금저축)
판매기간	1994년 6월~2000년 12월	2001년 1월~2013년 2월	2013년 3월~현재
납입한도	분기별 300만 원 (연 1,200만 원)	분기별 300만 원 (연 1,200만 원) 2013년 3월부터 연 1,800만 원으로 변경	연 1,800만 원
소득(세액) 공제 혜택	연간 납입액의 40% 72만 원 한도 (소득공제)	400만 원 (소득공제) 연도 / 공제한도 2001~2005년 / 240만 원 2006~2010년 / 300만 원 2011~2013년 / 400만 원 ↓ 2014년부터 세액공제 (13.2%)*	400만 원 (소득공제) 2014년부터 세액공제 (13.2%)*
중도해지 시 과세가입 후	이자소득세 부과	기타소득세(22.0%) 부과 2014년부터세율변경 16.5%	
5년 내 해지 시	해지추징세 (4.4%)부과	해지가산세(2.2%) 부과	없음
연금 개시기간	적립 후 10년 경과 및 55세 이후	적립 후 5년 경과 및 55세 이후	

연금 수령한도	5년 이상 분할 수령	연금수령 연차별 한도액 설정(10년 기준)	
연금개시 후 과세 기준	없음 (이자소득세 비과세)	연금소득세(5.5%) 600만 원 (공적연금 포함) 2013년 ↓ 3월부터 변경	연금소득세 (5.5~3.3%)
분리과세 한도	해지 시 이자소득 종합과세	연금소득세(5.5~3.3%) 연간 1,200만 원 (공적연금 제외) 초과 시 종합과세	연간 1,200만 원 (공적연금 제외) 초과 시 종합과세
근거 법률	(구)조세특례 제한법 제86조	(구)조세특례 제한법 제86조의2 및 소득세법 제20조의3	소득세법 제20조의3

* 2015년부터 종합소득 4천만 원 이하(근로소득만 있는 경우 5,500만 원 이하)면 세액공제율 16.5% 적용

시행일자	내 용	관련 조항	비고
소득세법 ('13.1.1. 시행, 법률 제11611호)	공적연금을 종합소득 과세표준 계산 시 분리과세 제외하고, 분리과세 연금소득 금액기준을 연 600만 원에서 연 1,200만 원으로 상향 조정	법 제14조 제3항 제9호	'13.1.1일 이후 발생하는 소득분부터적용
	부득이한 사유로 연금 외 수령 시 기타소득세 원천징수세율을 22.0% → 16.5%로 인하해 분리과세	법 제129조 제1항 제6호 나목	
	연금소득 원천징수세율을 종전 5.5%에서 나이에 따라 3.3%~ 5.5%로 인하	법 제129조 제1항 제5호의2	
소득세법 시행령 ('13.2.15. 시행 법률 제 24356호)	연간 납입한도를 1,200만 원 → 1,800만 원으로 확대	영 제40조의2	'13.1.1일 이후 납입하는 분부터 적용
	연금소득에 대한 세제지원을 받을 수 있는 최소 가입기간을 10년 → 5년으로 단축		
	55세부터 10년간 연금을 매년 연금 수령한도 내에서 수령		
	연금계좌 인출순서 및 과세 제외금액 기준 마련(인출되는 금액의 소득원천에 따라 세율이 차등적용, 소득공제를 받지 아니한 경우 납입된 과세대상 소득에서 제외)	영 제40조의3	'13.2.15일 이후 인출하는 분부터 적용
소득세법 ('14.1.1. 시 행,법률 제 12169호)	연금저축 납입액의 13.2% 세액공제 실시(종전 소득공제제도는 폐지)	법 제59조의3	'14.1.1일 이후 납입 분부터 적용
	부득이한 사유로 연금 외 수령 시 기타소득세 원천징수세율을 16.5% → 13.2%로 인하	법 제129조 제1항 제6호	'14.1.1일 이후 연금 외 수령을 하는 소득분부터 적용

소득세법 시행령 ('14.2.21. 시행,법률 제 25193호)	연금계좌에서 연금수령한도를 초과 하더라도 의료 목적으로 인출하는 경우 연금수령으로 인정	영 제40조의2 제3항, 영 제40조의2 제7항부터 제 11항	'14.2.21일 이후 연금계좌에서 인출하는 분부터 적용
	연금수령이 시작된 경우 당해 연도 에 납입한 연금납부액은 모두 세액 공제 대상 금액으로 인정(기존에는 연 금수령액만큼 차감해 인정)	영 제40조의3 제4항	'14.5.1일 이후 연금수령 개시를 신청하고 인출하 는 분부터 적용
	세액공제한도를 넘는 초과 납입금 을 해당 연도의 납입금으로 전환해 세액공제를 받을 수 있도록 개선	영 제118조 의3	'14.5.1일 이후 초과 납입금 등의 전환을 신청하는 분부터
소득세법 ('15.1.1. 시행)	중도해지 등 연금 외 수령 시 금액 에 관계없이 분리과세(종전에는 연 금 외 수령 금액이 300만 원 초과시 종합 과세 대상)	법 제14조 제3항 제8호 가·나목	'15.1.1일 이후 연금계좌에서 인출하는 분부터 적용
	부득이한 사유로 중도해지 하는 경 우 연금소득으로 저율(3~5%) 분리과 세(종전에는 부득이한 사유로 인한 중도해지 하는 경우 기타소득세 부과)	법 제14조 제3항 제9호 나목	
소득세법 ('15.5.13. 시행)	종합소득금액이 4천만 원 이하 또 는 근로소득만 5,500만 원 이하인 거주자는 세액공제율을 16.5%로 상향 조정	법 제59조의3 제1항	'14.1.1일 이후 연금계좌 납입 분부터 적용
소득세법 시행령 ('16.2.17. 시행)	연금수령요건*을 충족한 경우 개인 형퇴직연금(IRP)과 개인연금 간 이 체 시 과세이연 허용 *가입자가 55세 이상일 것, 연금계 좌의 가입일로부터 5년이 경과할 것(종전에는 퇴직연금과 개인연금 간 이체 시 인출로 보아 소득세 과세)	영 제40조의4 제1항	'16.2.17일 이 후 이체하는 분 부터 적용
소득세법 시행령 ('2017.2.3. 시행)	연금인출 시 의료 목적 등 부득이한 사유 범위 보완 연금 가입자의 사망, 연금 가입자의 해외이주-이연 퇴직소득의 경우 퇴 직소득의 연금계좌 입금일로부터 3 년 이후 해외 이주하는 경우에 한함 (종전에는 연금 가입자의 사망, 연금 가입자 의 해외이주)	영 제40조의2 제3항	'17.2.3일 이후 퇴직소득을 연금계좌에 입 금하는 분부터 적용

※ 도표상 세율은 지방소득세(주민세)를 포함

〈연금 수령〉

소득의 원천	연금수령		
	소득 구분	과세 구분	원천징수세율
과세 제외	–	과세 제외	–
이연 퇴직소득 (소법 §20의3 2호 가목)	연금 소득 퇴직 소득*	종합 과세** 분리 과세**	연금 외 수령 세율의 70%
세액공제 (소법 §20의3 2호 나목)			중복 시 유리한 세율 적용 연령 요건 – 70세 미만: 5% – 80세 미만: 4% – 80세 이상: 3% 종신형 연금보험: 4% – 사망 시까지 연금 수령
운용수익 (소법 §20의3 2호 다목)			

（오른쪽 열 세로: 퇴직연금계좌 원천 / 연금저축계좌 원천 / 퇴직연금계좌 원천）

* 연금소득 합계가 연 1,200만 원 초과하는 경우(분리과세 제외)
** ① 이연퇴직소득 ② 세액공제 및 운용수익을 의료 목적 및 부득이한 사유로 연금 외 수령 ③ ①, ② 외의 연금소득 합계가 연 1,200만 원 이하인 경우에는 선택적 분리과세

〈연금 외 수령〉

소득의 원천	연금수령		
	소득 구분	과세 구분	원천징수세율
과세 제외	–	과세 제외	–
이연퇴직소득 (소법 §20의3 2호 가목)	퇴직 소득	분류 과세	연금 외 수령세율 (이연퇴직소득세/이연퇴직소득)
세액공제 (소법 §20의3 2호 나목) 운용수익 (소법 §20의3 2호 다목)	기타 소득*	분리 과세	15%

（오른쪽 열 세로: 퇴직연금계좌 원천 / 연금저축계좌 원천 / 퇴직연금계좌 원천）

* 의료 목적 및 부득이한 사유로 연금 외 수령하는 경우 연금소득으로 과세
의료 목적 및 부득이한 사유는 천재지변, 사망, 해외이주, 본인 및 가족의 3개월 이상 요양, 파산선고, 개인회생, 연금계좌취급자의 영업정지 등이 해당

| 부록 4 | 연금계좌 원천징수세율(2013~2014년)

〈연금 수령〉

소득의 원천	연금수령			
	소득 구분	과세 구분	원천징수세율	
과세 제외	–	과세 제외	–	
이연 퇴직소득 (소법 §20의 3 2호 가목)	연금 소득 / 퇴직 소득*	종합 과세** / 분리 과세**	3%	퇴직 연금 계좌 원천
세액공제 (소법 §20의 3 2호 나목)			중복 시 낮은 세율 적용 연령 요건 - 55세 이상 70세 미만: 5% - 70세 이상 80세 미만: 4% - 80세 이상: 3% 종신형 연금보험: 4% - 사망 시까지 연금 수령	연금 저축 계좌 원천
운용수익 (소법 §20의 3 2호 다목)				

* 이연퇴직소득 연금 외 수령 특례(연금 수령→연금 외 수령): Min(이연퇴직소득, 과세대상 연금소득-1,200만 원)

** 종합과세(연 1,200만 원 초과), 선택적 분리과세(연 1,200만 원 이하)

〈연금 외 수령〉

소득의 원천	연금수령			
	소득 구분	과세 구분	원천징수세율	
과세 제외	–	과세 제외	–	
이연퇴직 소득 (소법 §20의 3 2호 가목)	퇴직 소득	분류 과세	연금 외 수령세율 (이연퇴직소득세/이연퇴직소득)	퇴직 연금 계좌 원천
세액공제 (소법 §20의 3 2호 나목) 운용수익 (소법 §20의 3 2호 다목)	기타 소득*	종합 과세* 분리 과세*	통상적인 경우 '14년 15%, '13년 20%	연금 저축 계좌 원천
		분리 과세**	부득이한 경우 '14년 12%, '13년 15%	

* 종합과세(연 300만 원 초과), 선택적 분리과세(연 300만 원 이하)

** 부득이한 사유에 대항하는 경우 무조건 분리과세

부득이한 사유는 천재지변, 사망, 해외이주, 본인 및 가족의 3개월 이상 요양, 파산선고, 개인회생, 연금계좌취급자의 영업정지 등이 해당

| 부록 5 | 현재 판매중인 연금저축펀드 유형별 분류와 펀드 예시(2018년 2월 2일 기준)

구분	유형	펀드명	1년	2년	3년
MMF	MMF	DB NEW해오름신종MMF3호C-P	1.37	2.73	4.4
절대수익추구	시장중립	유리트리플알파연금저축증권자[주식혼합]C1	1.4	1.73	4.86
	채권알파	동양뱅크플러스공모주10증권2[채권혼합]C-P1	2.04	4.16	6.91
		DGB공모주플러스증권1호[채권혼합]C-P2	7.38	8.28	0
주식형	K200인덱스	삼성클래식인덱스연금증권전환형제1호(주식)	24.19	41.02	32.71
		한국투자인덱스플러스증권1호(주식-파생)C-P	25.36	44.92	36.2
	배당주식	신영밸류고배당증권(주식)C-P	22.63	27.03	34.58
		한국밸류10년투자배당증권(주식)C-P	17.24	20.26	23.44
		프랭클린연금저축포커스증권자(주식)C	32.71	52.73	45.87
	일반주식	신영마라톤증권(주식)C-P	24.77	38.61	43.27
		한국골드플랜네비게이터연금증권자1호[주식]C	19.22	27.57	30.51
	중소형주	삼성클래식중소형연금증권자제1호[주식]C	29.83	9.89	22.35
		동양중소형고배당증권자1호(주식)C-P1	31.97	12.02	21.45

구분		펀드명			
주식형	테마주식	동양모아드림삼성그룹증권자1호(주식)C-P1	38.76	39.34	25.88
		한국투자골드플랜삼성그룹연금증권1주식C	34.09	39.07	25.26
주식혼합형	공격적자산배분	DB바이오헬스케어증권제1호(주식)C-P	60.52	11.18	0
		유경PSG좋은생각자산배분형증권(주식혼합)P	15.31	0	0
	일반주식혼합	미래에셋퇴직플랜연금저축전환자1호주식혼합C	16.2	24.47	32.03
		한국투자골드플랜연금증권전환형1호(주식혼합)	14.14	20.49	20.07
		신영연금60증권전환형(주식혼합)	13.29	18.16	18.57
채권형	일반채권	흥국멀티플레이증권자4호[채권]C-P	1.62	3.73	6.04
		한국밸류10년투자연금증권전환형1호(채권)C	0.44	1.4	3.51
	초단기채권	KTB전단채증권투자신탁[채권]C-P	1.82	3.71	0
		한화단기국공채증권(채권)C-P	1.29	2.62	0
채권혼합형	보수적자산배분	미래연금저축스마트롱숏증권자1(주식혼합)C	6.46	3.96	12.99
	일반채권혼합	DB바이오헬스케어증권제1[채권혼합]C-P2	13.71	4.82	20.1
		한국밸류10년투자배당증권(채권혼합)C-P	6.42	9.69	13.95
		신영연금30증권전환형(채권혼합)	6.85	9.68	10.35
		교보악사리츠인프라증권(채권혼합)C-P2	0.59	0	0
해외기타	글로벌다이씨에이클	삼성한국형TDF2035H[주혼재간]Cp	16.14	0	0

해외주식형	글로벌신흥국주식	미래BRICs업종대표연금증권전환형자1(주식)	39.55	89.13	51.51
		한국골드플랜브릭스연금전환형자1호(주식)	38.22	65.61	35.42
	글로벌주식	미래글로벌이머징연금증권전환자1(주식-재)C	34.57	47.77	29.91
		에셋플러스글로벌리치투게더연금1주식C	28.44	48.26	47.18
		미래글로벌그레이트컨슈머연금전환1(주식)	25.92	39.6	29.69
		피델리티글로벌배당인컴자(주식-재간접)PRS	10.8	20.67	22.09
	동남아주식	삼성클래식아세안연금증권전환형자1[주식]	20.1	40.95	33.38
	북미주식	AB미국그로스증권(주식-재간접형)C-P	30.57	50.76	52.01
	아시아태평양주식	미래아시아그레이트컨슈머자1주식-재간접Cp	39.79	40.07	25.17
	유럽주식	피델리티유럽증권자(주식-재간접형)PRS	17.8	32.24	41.5
	일본주식	삼성클래식일본중소형FOCUS연금자H[주식]C	43.22	57.13	0
		피델리티재팬증권자(주식-재간접형)PRS	35.24	49.11	0
	중국주식	하나UBS 인Best연금China증권자[주식]	60.65	85.8	74.08
		KTB중국1등주증권자[주식]C-P	73.43	97.19	64.04
		피델리티차이나컨슈머증권자주식-재간접PRS	50.76	80.8	50.25
	헬스케어섹터	한화연금저축글로벌헬스케어증권자(주식)C	18.99	19.08	6.67
		프랭클린미국바이오헬스케어자주식재간접Cp	19.55	30.94	2.33

대분류	소분류	펀드명			
해외주식혼합형	글로벌 공격자산배분	JP모간글로벌멀티인컴투자(주식혼합재간접)Cp	7.15	19.84	12.46
		JP모간글로벌멀티크로즈컨자주식혼합재간접Cp	20.42	12.22	0
	북미주식혼합	템플턴미국인컴증권자(주식혼합-재간접형)Cp	7.77	27.27	11.35
	아시아신흥국주식혼합	한국투자연금베트남증권자투자(주식혼합)C	54.17	87.9	84.73
해외채권형	글로벌채권	ABL PIMCO글로벌투틈금채권재간H_Cp	3.54	10.07	9.28
		미래글로벌이나미연금증권전환형자1(채권)Cp	2.3	7.07	8.08
		기읍글로벌금리와물가연동H[채권-재]Cp		0	0
	글로벌하이일드채권	AB글로벌고수익증권(채권-재간접형)C-P	5.53	24.89	17.58
	남미신흥국채권	멀티에셋생바르라젤연금자축증권[채권]A	2.9	31.22	-4.47
	신흥국채권	하나UBS 인Best연금글로벌이머징자[채권-재]	6.98	17.11	8.59
		삼성누거버캔이머징국공채플러스H자채Cp	9.75	0	0
	아시아채권	블랙록이사이하플리티증권(채권-재간접)(H)Cp	4.19	9.34	9.86
해외채권혼합형	글로벌 보수적자산배분	피델리티글로벌멀티에셋인컴재간접PRS	6.02	16.96	14.49
		DB밸류이이로보어드바이저증(H)[채혼제]Cp	0	0	0
		기읍쿼터백글로벌로보어드바이저채간접Cp	8.56	0	.
	글로벌채권혼합	미래글로벌베당자인증증권자1(채권혼합)Cp	7.15	15.38	10.73
		DB자이나틀로스앞파자(H)주혼-재간접C-P	10.43	7.97	0
		KTB중국틀러스한증권[채권혼합]Cp	18.8	21.31	0
	아시아신흥국채권혼합	유리베트남모모증권자투자[채권혼합]CP2	0	0	0

연금저축은 어떻게
노후의 무기가 되는가

초판 1쇄 발행 2019년 4월 5일
초판 2쇄 발행 2019년 4월 15일

지은이 엄진성 · 나철균 · 조용준
펴낸곳 원앤원북스
펴낸이 오운영
경영총괄 박종명
편집 최윤정 · 김효주 · 채지혜 · 이광민
마케팅 안대현
등록번호 제2018-000058호(2018년 1월 23일)
주소 04091 서울시 마포구 토정로 222 한국출판콘텐츠센터 306호 (신수동)
전화 (02)719-7735 | **팩스** (02)719-7736
이메일 onobooks2018@naver.com | **블로그** blog.naver.com/onobooks2018
값 15,000원
ISBN 979-11-89344-66-5 03320

이 도서의 국립중앙도서관 출판예정도서목록(CIP)은 서지정보유통지원시스템 홈페이지(http://seoji.nl.go.kr)와
국가자료공동목록시스템(http://www.nl.go.kr/kolisnet)에서 이용하실 수 있습니다.(CIP제어번호: CIP2019009733)

※ 원앤원북스는 독자 여러분의 소중한 아이디어와 원고 투고를 기다리고 있습니다.
　원고가 있으신 분은 onobooks2018@naver.com으로 간단한 기획의도와 개요, 연락처를 보내주세요.